성령의 성화

Sanctification

국립중앙도서관 출판예정도서목록(CIP)

성령의 성화 / 지은이: 윌리암 켈리 ; 옮긴이: 이종수. -- [서울] : 형제들의집, 2018
　　p. ;　　cm. -- (지성과 영성의 거장 윌리암 켈리 시리즈 ; 5)

원표제: Sanctification
원저자명: William Kelly
권말부록 수록
영어 원작을 한국어로 번역
ISBN 978-89-93141-03-0 03230 : ₩6500

성령[聖靈]
기독교[基督敎]

231.4-KDC6
234.8-DDC23

CIP2018040374

성령의 성화

윌리암 켈리 지음 | 이종수 옮김

 형제들의 집

차례

성령의 성화··07
서론, 이 글을 쓰는 목적
주님이 자신을 성화시키시는 이유
구약성도들의 성화
전에 없었던 전혀 새로운 종류의 성화
성화를 이루는 첫 번째 도구, 아버지의 말씀
하나님과의 관계 속에서 가장 심오한 기쁨 속으로 들어가는 길
율법과 그림자 속에 갇혀 있었던 구약성도
비밀로 감추어 온 그리스도와의 동일시의 진리
새로운 시대를 열어주는 성령의 성화
성화를 이루는 두 번째 도구, 하늘에 들어가신 주님

우리가 사모해야 하는 대상이신 영광 가운데 계신 주님
성도, 성령의 성화가 이루어진 결과
바울이 말하는 성화
베드로가 말하는 성화
성령의 성화
예수의 순종과 예수의 피 뿌림에 이르게 해주는 성령의 성화
실제적인 성화에 대한 교훈
문법 분석을 통한 분별
결론
부록···103

"그들을 진리로 거룩하게 하옵소서
아버지의 말씀은 진리니이다
아버지께서 나를 세상에 보내신 것같이
나도 저희를 세상에 보내었고
또 저희를 위하여 내가 나를 거룩하게 하오니
이는 저희도 진리로 거룩함을
얻게 하려 함이니이다."
(요 17:17-19)

성령의 성화
Sanctification

서론, 이 글을 쓰는 목적

"그들을 진리로 성화시켜(Sanctify)* 주옵소서 아버지의 말씀은 진리니이다 아버지께서 나를 세상에 보내신 것 같이 나도 그들을 세상에 보내었고 또 그들을 위하여 내가 나를 성화시키오니(I sanctify myself) 이는 그들도 진리로 성화되게(sanctified through the truth) 하려 함

---

* 역자주: 이 구절에서 "거룩하게", "나를 거룩하게 하오니", "진리로 거룩함을 얻게 하려 함이니이다"에 사용된 거룩이란 단어는 본래 성화(sanctification)란 단어를 사용하고 있다. KJV를 참고하라. 필요한 경우에만 영어성경을 함께 표기할 것이며, 대부분 저자가 사용하고 있는 단어를 그대로 번역할 것이다.

이니이다."(요 17:17-19)

    나는 약간의 자유를 가지고서 성화의 진리를, 즉 그리스도인의 성화란 위대한 진리를 다루어보고자 한다. 우리가 읽은 성경본문에 한정하지 않고, 성화라고 하는 위대한 진리를 소개하고 있는 다른 하나님의 말씀들을 함께 제시하면서, 여기서 주님이 제시하고 있는 성화가 가지고 있는 실제적인 측면들을 다루고자 한다. 우리 주님이 사용하신 성화란 용어에는 매우 특별한 의미가 있기에, 주께서 하신 말씀의 참 뜻을 알고자 하는 사람들은 과연 그러한가 하는 태도를 가질 필요가 있다. 진리의 한쪽 면만을 취하려는 위험은 피해야 한다. 중심을 잘 잡는 태도는 항상 보배로운 결과를 낳는다. 내가 믿기론, 우리는 앞으로 이 주제가 하나님의 말씀 속에서 더 크고 더 깊은 자리를 차지하고 있다는 사실을 보게 될 것이다. 이렇게 말한다고 해서, 다른 하나님의 자녀들이 이 진리를 제대로 보고 있지 않다고 비하하는 것은 아니니 오해가 없길 바란다. 다만 우리는 진리의 양쪽 측면을 항상 고려하는 것을 우리의 기쁨으로 삼아야 한다. 그렇게 함으로써 우리 가운데 어떤 사람들은 자신들이 생각해온 것 이상으로 많은 유익을 얻을 수 있을 것이다. 하나님의 마음이 우리 마음보다 무한히 부요하시다는 것을 발견한다고 해서 우리는 그리 놀랄 필요가 없다. 오히려 우리는 그런 놀람을 더욱 기대할 뿐만 아니라, 끊임없이 하나님의 진리를 이해하고 통찰하는 것이 너무 적다는 사실에 안타까움의 발을 동동 굴리는 것이 마땅하다. 게다가 우리가 미처 깨닫지도 못하고 놓치는 부분이 상상 이상으로 많을 뿐만 아니라, 심지어 우리가 잘 알고 있는 진리라고 여기는 부분에서 그런 일이 일어나고 있음을 발견하게 될 것이다. 나는 그런 실수에 대해선 논하고 싶지 않다. 오늘날 기독교계에는 성화에 대한 다양한 견해들이 난립을 하고 있는데, 대부분 진리와는 거리가 멀다. 현재 이 글을 쓰는 나의 목적은 진리와는 거리가 멀다고 생각하는 부분들을 다루려는 것이 아니라, **이 성화란 주제에 대해서 "성경이 말하고 있는 진리가 무엇인지"를 밝히고** 또 최고의 교과서인 하나님의 말씀 속에 나타난 선명한 증거를 제시함으로써, 사람의 사상과 이론 속에서는 결코 발견할 수 없는 행복을 함께 나누려는 것이다.

주님이 자신을 성화시키시는 이유

우리 주님이 "저희를 위하여 내가 나 자신을 성화시키오니"라고 말씀하셨을 때, 주님은 하나님의 자녀들이 가지고 있어야 하는 성화의 개념에 대한 가장 분명하고 또 가장 결정적인 증거를 주고자 하신 것으로 보인다. 제자들은 주님에게서 그것이 무엇인지를 직접 보았지만, 그럼에도 불구하고 그들은 성화의 진리의 지극히 적은 부분만을 볼 수 있을 뿐이었다. 일반적으로 성화는 하나님의 영께서 영혼들에게 직접적으로 역사하신 결과로 제한된다. 비록 하나님에게서 난 사람들일지라도 그들 속에 있는 악 때문에 성화의 역사는 방해를 받기 마련이며, **그 악을 이기고 승리하신 그리스도를 아는 지식을 가질 때에만**, 성화를 가능케 해주는 그리스도의 은혜 속에 있는 권능을 발견할 수 있다. 그렇다면 악 때문에 방해를 받는 성화는 19절에는 적용할 수 없다. 하지만 성령의 성화는 19절의 주님의 성화를 토대로 하게 되었다. 그러므로 성령의 성화는 전혀 다른 토대에서 맺히는 열매이며, 흔히 생각하는 것보다 더욱 크나 큰 것임을 인정하지 않을 수 없다. 그래서 우리 주님은 "저희를 위하여 내가 나 자신을 성화시키오니"라고 말씀하셨다.

따라서 시작하는 단계에서 하나님의 진실한 자녀들

은 성화가 결단코 타락한 인간의 개선이나 개혁의 산물이 아니라는 명백한 사실을 항상 마음에 간직하고 있어야 하며, 그럴 때 정말 우리에게 행복한 일이 될 것이다. 하나님의 자녀는 자기 영혼 속에, 여기서 주 예수께서는 성화를 성령께서 악한 본성을 다루시는 것으로 의도하지 않았다는 사실을 확신함이 옳다. 주님 속에는 정복해야 하는 악이나 또는 개선해야 하는 그 어떤 것도 없으셨다. 하나님의 자녀라면 그처럼 끔찍스러운 생각을 거절해야 하지 않겠는가?

구약성도들의 성화

따라서 많은 사람들이 무지로 인해서 우리 주님이 자신을 성화시키신다는 의미를 그런 식으로 결론을 짓는 것은 진리와는 거리가 너무도 멀다고 할 것이다. 따라서 옛날 어떤 사람들은 우리 주님이 자신을 십자가에서 희생하시는 것을 그런 비유적인 방식으로 표현했다고 생각했다. 하지만 이 모든 것들은 다 잘못된 분별임이 쉽게 드러난다. "성화"란 단어가 가지고 있는 근본적인 개념을 버릴 이유가 전혀 없다. 즉 성화란 단어는 예외 없이 "하나님에게로 따로 구별시킨다"는 의미를 가지고 있다. 이것은 성화란 단어가 가지고 있는 참되고 바른 의미다. 그렇기 때문에 여기서도 그 의미를 버릴 이유가 전혀 없다. 이 단어가 성경 어디에 사용되었는지는 상관이 없다. 성화란 단어가 사람에게 사용되었다면, 그 의미는 항상 그 사람이 하나님에게 따로 구별되었다는 의미다. 사람이 어떻게 따로 구별되는가 하는 것은 별개의 문제다. 유대교 시스템을 보면, 우리는 유대 민족 전체가 따로 구별되었음을 알 수 있다. 이것은 외적인 분리였으며, 다양한 예식을 제정하게 했고, 더욱 특별한 것은 할례 예식을 시행하게 했다. 사실상 이런 것이 성화다. 즉 하나님의 백성으로, 한 유대인의 삶의 세부적인 사안들까지 거룩한 의무에 순종하도록 따로 구별시키는 일인 것이다. 한 유대인의 실제적인 삶의 습관까지 규정하는 온갖 계명들과 명령으로 구성되어 있는 전체적인 예식 시스템은 그야말로 그 사람이 하나님에게로 따로 거룩하게 구별되었다는 증거를 이루고, 그 척도와 그 내용을 이루는 것이었다.

전에 없었던 전혀 새로운 종류의 성화

하지만 우리 주님이 아버지 하나님을 향하여 마음 속에 있는 것을 그대로 말씀하시는 가운데서 우리가 발견하게 되는 충격적인 일은, 이제 전혀 새로운 종류의 구별됨이 있게 되었다는 사실에 있다. 우리는 예수님의 제자들이, 이미 하나님의 백성으로서 구별된 이스라엘 사람들이었지만, **이제는 전혀 새로운 방식으로** 구별될 필요가 있었으며, 심지어 주님 자신도 그들을 위하여 자신을 구별시키고자 하셨음을 보게 된다. 주님은 자신을 위해선 아무 것도 하실 필요가 없으셨다. 우리는 사람들 사이에 널리 퍼져있는 이상한 이론의 배경을 살펴볼 필요가 있다. 제자들은 이미 유대 백성들에게서 도덕적으로 분리되어 나온 사람들이었고, 지상에 있는 그 모든 백성들에게서 따로 구별된 사람이었음에도 불구하고, 우리 주님은 여기서 제자들이 진리로 성화되게 해달라고 아버지께 기도하시는 이처럼 명백한 사실은 그리스도인이 하나님께로 따로 구별되는 일은 더욱 더 의미심장한 일이란 사실을 참으로 충격적으로 보여주는 것이다. 주님은 제자들이 여기 이 땅에서 자신과 밀착하여 동행하는 정도로는 만족하실 수 없으셨다. 주님은 제자들이 이미 믿음을 가진 사람들이며, 자신을 가까이서 따르는 사람들, 그 이상으로 나아가길 바라셨다. 이 모든 것이 사실이었지만, 그럼에도 주님은 "저희를 당신의 진리로 성화시켜 주옵소서 아버지의 말씀은 진리니이다(Sanctify them through thy truth: thy word is truth)"(17절)라고 기도하셨다. 그러므로 이것은 더 이상 율법의 문제가 아니었다. 이는 논쟁의 여지가 없다. 율법을 가지고 있는 이스라엘 백성들에게서 제자들은 따로 구별되어야, 즉 성화되어야 했다. 유대인들은 거룩한 백성이 되어야 했지만, 제자들은 세상 사람들에게서 뿐만 아니라 이스라엘 백성에게서도 거룩하게 구별되어야만 했다. 그야말로 제자들은 모든 사람들에게서 성화되어야만 했던 것이다. 그들은 전혀 새로운 질서 속으로 따로 구별되어야만 했다. 그렇다면 이방인들에게서 이스라엘 백성들을 분리시키는 작용을 했던 율법은 더 이상 그리스도인을 위한 삶의 규례가 아닌 것이 된다.

하지만 이것이 전부가 아니다. 주 예수께서는 제자들의 이런 성별 또는 성화를 가능케 하기 위해서 먼저 자신을 바쳐서 그 일을 가능하게 하는 일을 수행하셔야만 했으며, 또한 이 일을 이루고자 먼저 자신을 따로 구별시키는 일을 하셔야만 했다. 그래서 주님은 "저희를 위하여 내가 나를 성화시키오니 이는 저희도 진리로 성화되게 하려 함이니이다"라고 말씀하셨다.

성화를 이루는 첫 번째 도구, 아버지의 말씀

여기서 우리가 첫 번째로 관심을 집중시켜야 하는 것은, **성화를 이루는 도구가 무엇인가** 하는 것이다. 주님이 "저희를 당신의 진리로 성화시켜 주옵소서 아버지의 말씀은 진리니이다(Sanctify them through thy truth: thy word is truth)"(17절)라고 말씀하신 것처럼, 제자들은 진리로 성화될 필요가 있었다. 그래서 이제 주님은 자신이 아버지의 진리를 가지고서 하고자 하시는 일이 무엇인지를 설명하신다. 그래서 "아버지의 말씀은 진리니이다"라고 말씀하셨다.

분명 아버지로서 하나님의 이름이 선명하게 계시되는 곳에서, 그리고 계시되는 그 순간에 "아버지의 말씀"이 바로 등장한다. 아버지의 이름이 그렇게 선언되는 곳은, 우리 모두에게 매우 익숙한 성경, 바로 신약성경에서다. 우리는 주 예수란 이름을 신약성경의 처음부터 찾아볼 수 있다. 즉 마태복음을 보면, 매우 조심스럽게 그 이름이 선언되고 있는 것을 볼 수 있다. 하지만 우리는 제자들이 그 이름이 가지고 있는 권능을 제대로 이해하고 있지 않았다는 사실 또한 볼 수 있다. 이렇게 주님의 이름 속에 담긴 권능을 제대로 아는 일은 제자들이 주님과 함께 했던 지상에서의 과도기적 상태에서는 있을 수 없는 일이었다. 공생애 기간 동안 내내, 그리고 거의 그 끝에 이르렀을 때, 주님은 엄청난 변화의 시간이 가까이 다가오고 있음을 암시하셨다. 요한복음 17장에 와서야 주님은 그 사실과 연관해서 이렇게 말씀하셨다. "내가 아버지의 이름을 저희에게 알게 하였고 또 알게 하리라."(26절) 주님은 이미 자신의 생애 동안 그 일을 하셨지만, 그 일은 거기서 끝난 것이 아니었다. 오히려 그 반대다. 앞으로 더 완전하고 더 충만한 의미에서 그 일이 일어날 것을 선언하셨다. 제자들의 상태 때문에, 주님이 말씀하고 싶으셨지만 더 이상 말씀하실 수 없었던 것들이 참으로 많았다. 제자들은 그러한 것들을 이 당시로선 감당할 수 없었다. 진리의 영이 오시면, 성령께서 그들을 모든 진리 가운데로 인도하는 일을 하실 것이었다.

하나님과의 관계 속에서 가장 심오한 기쁨 속으로 들어가는 길

그렇다면 신약성경에 아버지의 이름이 계시되었고 또 알려지게 되었다는 것은 참으로 특별한 일이 아닐 수 없다. 왜냐하면 주 예수께서는 그런 일은 하늘로서 오신 성령을 통해서, 성령의 위격을 통해서 알 수 있는 일로 선언하셨기 때문이다. 신약성경에서 우리에게 매우 분명하게 그리고 즉각적으로 주어진 것은 아버지의 말씀이다. 나의 형제들이여, 이것이 얼마나 큰 변화인줄 아는가? 그분은 항상 그랬던 것처럼 하나님이시며, 유일하신 참 하나님이시다. 이스라엘의 자손들에겐 여호와로 자신을 계시하셨던 분이시고, 심지어 그들의 부모 앞에서, 즉 그들의 조상으로 불렸던 아브라함, 이삭, 그리고 야곱에겐 전능자로 나타나셨던 분이시다. 그분은 이제 자신을 참으로 친밀한 이름으로, 즉 아버지로 나타내고자 하신다. 하지만 우리는 이 보다 더 큰 것이 있다는 사실을 기억해야 한다. 즉 하나님이 우리 아버지란 사실은 단순히 사랑이란 친밀한 감정을 불러일으키기 위한 것이 아니라, 아들이신 우리 주님이 하나님을 아버지로 아셨던 그와 동일한 관계 속으로 우리도 들어가는 것을 의미했다. 즉 이 말은 주님은 항상 진리 속에 있었으며, 가장 깊고 또 가장 충만한 방식으로 아버지를 영원 전부터 알고 있는 유일한 존재이셨다는 뜻이며, 이제 우리도 주님이 아버지 하나님과 누리셨던 그 동일한 관계 속으로 들어가게 되었음을 의미한다. 아버지를 영원 전부터 알고 있었던 유일하신 독생자께서 세상에 오셨고, 여자에게서 나셨으며, 지상에서 인자로 사셨지만, 그럼에도 그분은 여전히 하나님의 아들이셨다. 우리와 같은 육신의 몸을 입고 있는 상태에서도 주님은 아버지와 끊이지 않는 교통 가운데서 사시며 동행하셨다. 이 모든 일은 실제론 새로운 것이었으며, 제자들에겐 이처럼 거룩한 교통이 맺는 결실이 무엇인지를 직접 보고 아는 일이 허락되었던 것이다. 하지만 이제 그들은 더 많은 것을 듣고 보게 되었다. 경이로운 진리가 주님이 이루신 사역, 즉 주님이 제자들을 위해서 이루신 사역 덕분에 더욱 분명하게 알려지게 되었는데, 주님은 영으로 자신이 이미 이루신 일을 내다보시면서, 다른 어느 누구도 알 수 없었던 자신과 아버지와 동일한 관계의 가장 실제적이고 또한 가장 심오한 기쁨 속으로 제자들을 인도하고자 하셨다. 심지어 이 세상을 통과하는 중에 있는 그들을 이 세상에서 어느 누구도 알 수 없었지만, 오로지 아들만이 알고 있었던 그 아버지 하나님을 알도록 인도하고자 하셨다.

아들에 의해서 아버지를 아는 지식 속에는 우리의 언어로는 형언할 수 없으며 또한 피조물의 수준에서는 결코 알 수 없는, 전적으로 피조세계를 벗어난 경이로운 것이 있다. 형제들이여, 이제 우리가 기억해야 하는 것은, 아버지를 아는 우리의 지식은 단지 피조물로써 가지고 있는 지식 보다는 더욱 우월한 감각에 속한 것이란 점이다. 물론 우리가 피조물의 위치를 벗어나는 것은 아니지만, 심지어 장차 우리가 영화롭게 된 상태에 들어가서도 마찬가지지만, 그럼에도 우리는 이제 신의 성품에 참여한 자로서 전적으로 새로운 자리에 들어갈 수 있게 되었으며, 우리 속에 내주하시는 성령을 통해서 우리는 그 실체를 능력 가운데서 누릴 수 있게 되었을 뿐만 아니라, 그 기쁨을 다른 사람들에게도 간증할 수 있게 되었다. 그렇다면 우리는 하나님의 자녀로서 분명한 특징을 가진 존재로, 하나님에게서 난 자라는 신적인 의식을 가진 존재로 나타나게 된다. 게다가 주 예수께서는 십자가에서 인류가 처한 총체적인 상태를 끝내셨고 또한 하늘 높은 곳에 거하시는 하나님의 계획을 따라서 전혀 새롭고도 최종적인 인간의 상태 속으로 들어가셨기 때문에, 이제야 비로소 아버지의 이름을 알릴 시간이 되었으며 또한 성령을 통해서 진리를 알게 하실 수 있게 되었다. 이것은 이전에는 또한 다른 방식으로는 결코 가능하지 않은 일이었다.

이제 이 모든 것을 내다보시면서, 우리 주님은 제자들

이 아버지의 말씀으로, 아버지의 진리를 통해서 성화되게 해달라고 기도하셨다. 사실 그리스도께서 가지고 계신 지식은 내가 지금까지 언급한 것들보다 그 이상의 실체를 가지고 있다. 이제 우리는 우리 속에 거하시는 성령에 의해서, 그리스도의 마음을 이해하는 영적 이해를 가질 수 있게 되었을 뿐만 아니라, 심지어 우리는 "그리스도의 마음"을 가지고 있다고 말할 수 있게 되었다. 이는 구약시대에는 계시되지 않았던 것이 지금은 계시된 것일 뿐만 아니라, 고린도전서 2장에서 사도 바울이 "우리가 그리스도의 마음을 가졌느니라"고 말했던 그 실체 속으로 우리가 들어오게 되었기 때문인 것이다. 이 사실 보다 더욱 놀라운 것은, 이제 하나님의 아들께서 가지고 있던 지식을 통해서 모든 성경이 우리에게 열리게 되고, 모든 말씀을 경험할 수 있게 되었다는 것이다.

율법과 그림자 속에 갇혀 있었던 구약성도

 만일 우리가 율법에 속한 계명을 지키고자 한다면, 거기엔 새롭고 하늘에 속한 빛으로 가득해지는 일이란 있을 수 없다. 그 이유는 우리가 신약성경에서 볼 수 있는 것처럼 충만한 계시를 담고 있는 아버지의 말씀이 필연적으로 제한을 받을 수 있기 때문이라기 보다는, 하나님의 아들의 빛이 성경의 모든 부분을 비추고 있기 때문이다. 따라서 아들의 위치 또는 아들의 지위에 있지 않은 사람은 그림자 속에 갇혀 있을 수밖에 없다. 한 유대인이 이해하고 누릴 수 있었던 복은 어느 정도는 그리스도인에게도 나름 독특하고, 충분히 깊이 있는 교훈을 줄 수 있다. 이 사실은 우리에게 전혀 새로울 것이 없으며, 성경을 통해서 충분히 짐작해볼 수 있는 일일 뿐만 아니라, 오히려 그리스도의 빛 속에 거하고 있는 우리는 그 실체를 더욱 충만하게 누리고 있다고 말할 수 있다. 주님이 오시기 전, 율법과 시편과 선지서들을 읽고 있는 한 경건한 유대인을 생각해보다. 그가 보았던 것은 진실한 것이었을 뿐만 아니라 예언의 말씀은 문자적으로 성취될 것이란 중요성을 가지고 있었다. 하지만 우리가 그리스도를 알게 됨으로써 그 말씀이 그리스도와 연결되었을 때, 그 의미와 중요성은 얼마나 크게 확대되고 또 강화되고 또 깊어졌는가? 따라서 아버지를 제자들에게 알게 해주신 분으로서 주 예수의 계시는, 그야말로 하나님 말씀의 모든 부분에 영향을 미쳤고, 율법의 제정조차도 우선적으로는 복음 진리와 하나님의 은혜와 하늘에 속한 것들을 증거하도록 배경으로 설정된 것임을 알 수 있게 해주었다.

대속죄일을 예로 들어보자. 한 유대인이 레위기 16장을 읽고서 자신의 마음 속에 율법 제정의 중요성을 새기게 되었다. 대제사장, 황소, 염소, 성막 안과 밖에 바르는 일과 모든 죄들을 자백하고 아사셀 염소를 광야로 보낸다. 이 모든 것이 그 사람 앞에 있다. 하지만 우리 앞에 있는 것은 전혀 다르다. 이렇게 말한다고 해서, 여기 있는 어느 부분도 약화시키거나 경시하는 것이 아니다. 게다가 더 충만한 진리인 아버지의 말씀은 유대인이 보았던 것의 지극히 작은 부분도 상실하지 않는다. 그렇지만 유대인은 결코 우리가 그리스도와의 교제를 통해서 알도록 허락된 것의 지극히 작은 개념도 가지고 있지 않았다. 우리가 바라보는 것은 보이지 않는 것이며 또한 하늘에 속한 것이다. 우리는 지성소에 들어가신 대제사장을 보고 있지만, 실제적인 기능은 구약시대와는 전혀 다르다. 우리는 주 예수 그리스도께서 그곳에 우리 앞서 들어가신 것을 보고 있다. 게다가 그리스도는 그곳에 홀로 계신 것이 아니다. 우리는 그리스도 안에서 다른 것들을 볼 수 있게 되었다.

비밀로 감추어 온 그리스도와의 동일시의 진리

여기 레위기 16장에는 동일시의 진리를 언급하고 있지도 않다. 그리스도와의 동일시는 비밀이다. 게다가 이 비밀은 이 당시엔 계시되지 않았지만, 지금은 (사도 바울을 통해서) 계시되었다. 우리는 이제 새로운 방식으로 우리 자신에게 더 좋은 것을 가지게 되었다. 그리스도는 단일한 특징을 가진 분으로 알려지신 것이 아니라, 소위 복합적인 특징을 가진 분으로 알려지셨다. 신약성경은 우리가 그리스도의 몸의 일부를 이루고 있음을 보도록 그리스도를 제시하고 있다. 우리는 "그리스도의 몸의 지체들이며, 그 살 중의 살이요, 그 뼈 중의 뼈"이다. 따라서 우리는 하늘의 지성소로 들어가신 분 안에서, 하나님의 임재 속으로 들어가는 것을 우리 자신의 복으로 바라보고 있는 사람들이다. 우리는 성막 밖에서, 대제사장이 밖으로 나오기만을 기다리는 이스라엘 백성들과 같지 않다. 대제사장이 밖으로 나오면 그들은 하나님께 열납되었다는 의식을 가지게 될 것이다. 반면 우리는 이런 희생제사에 대한 더 깊은 지식을 얻는 자격을 얻었다. 왜냐하면 우리는 열납된 사실이 공표될 때까지 성소 밖에서 기다리는 대신, 휘장 안으로 들어왔기 때문이다. 우리의 제사는 하늘에 있는 하나님의 눈앞에 있다. 이 제사는 이스라엘 백성들이 대제사장이 밖으로 나오는 것을 봄으로써 자신들이 하나님께 열납되었다는 확신을 가졌던 것과는 다르다. 우리의 제사는 하나님께서 그리스도의 피를 보시고 또한 대제사장께서 그 피를 가지고 하나님 앞에 서있다는 더욱 영광스러운 사실에 터를 잡고 있다. 요약하자면, 우리가 하늘에 있는 지성소에 들어갔다는 사실은 한 경건한 마음을 가진 사람이 얻을 수 있는 위안이나 위로의 문제가 아니다. 비록 하나님의 성령께서 그러한 위안을 주실지라도, 이는 그런 차원을 초월하는 것이다. 우리가 안식할 수 있는 것은 하나님 아버지께서 자신의 아들과 그분이 이루신 사역을 보고 만족하셨다는 사실에 있으며, 성령께서도 그 사실을 증언하고 계신다는 사실에 있다.

그러므로 우리를 위해 모든 것이 변했다. "하나님의 의(義), the righteousness of God"라는 단어 속에 담긴 의미와 힘을, 유대인이 오늘날 그리스도인이 아는 것처럼 알고 있었을 거라고 생각하지 말라. 이스라엘 백성들이 이해하는 방식은 그저 "여호와의 공의" 정도로만 이해할 뿐이었다. 하지만 우리는 "하나님의 의"가 가지고 있는 완전한 의미를 보고 있다. 즉 하나님의 의란 주 예수께서 이루신 사역을 통해서 하나님의 도덕적 성품이 완전히 만족되었을 뿐만 아니라, 이로써 그리스도 자신도 완전하게 영광을 얻을 수 있었던 근거인 것이다. 이제 하나님은 자신의 영원한 계획을 따라서, 그에 걸맞게 우리를 대하실 수 있게 되었다. 왜냐하면 우리 자신이 그리스도 안에서 하나님의 의(義)가 되었기 때문이다.

  이러한 내용들은 아버지의 진리, 아버지의 말씀이 어떻게 우리를 신약성경에 계시되어 있는 하나님 아버지께로 따로 구별시켜주는 도구가 되는 것인지, 그 방식을 설명해준다. 여기서 나의 마음이 크게 감동이 되는 것은, (이 점은 흔히 간과되고 있는데), 그리스도를 아는 지식이 구속의 토대 위에서 계시되었으며, 이렇게 완성된 구속의 역사의 결과로 (이 때문에 구약시대와는 달리 완전한 변화가 일어났으며) 성령께서 이 세상에 오셨으며, 우리가 이에 대한 믿음을 가질 때 우리를 구속역사가 가지고 있는 모든 결실 속으로 들어가도록 인도하는 일을 하신다는 점이다. 이로 인해서 일어난 변화는, 우리가 이제는 하나님의 모든 말씀을 맛보고, 누리고, 적용할 수 있게 되었다는 것이다. 요약하자면, 우리가 그리스도를 아는 대로, 그리스도께서 계시된 결과는 이전에는 결코 할 수 없었던 방식으로 우리가 성경을 볼 수 있게 되었다는 점이다. 우리 가운데 많은 사람들이 고백하고 또 비록 말로 표현하지는 않지만 많은 사람들이 느끼는 것은, 예수를 주(主)로 아는 지식은 성경을 전혀 새로운 책으로 만든다는 점이다. 이 책을 읽는 사람들 가운데 많은 사람들도 이 점에 동의할 것이라고 나는 확신한다. 율법과 그림자 속에 갇혀 있던 유대인들의 영혼 속에 일어난 감정을 느껴보라고 말하고 싶다. 그들이 가지고 있었던 의구심, 염려, 답이 없는 여러 가지 생각들, 하나님의 진리를 접했을 때 느낄 수밖에 없었던 모호함, 그리고 그들이 하나님과 맺었던 관계 등을 생각해보라. 하지만 이제 그들은 하나님의 은혜를 통해서 그 모든 것을 온전히 알 수 있게 되었을 뿐만 아니라, 우리도 마찬가지다. 진실로 그러하다. 왜냐하면 하나님 아버지께서 조금의 의심이나 의구심 없이 그분 자신을 알 수 있도록 우리에게 말씀하고 있기 때문이다. 하나님은 우리 가운데 가장 어린 사람에게도, 심지어 어린 아기들에게도 말씀하신다. 왜냐하면 우리는 "거룩하신 자에게서 기름 부음을 받고 모든 것을" 알기 때문이다 (요일 2:20). 과연 아버지는 자기 가족 가운데 지극히 작은 자에게도 말씀하실 수 있는가? 그렇다. 이를 위해 하나님께서는 그들에게 그리스도와 성령을 주셨다.

새로운 시대를 열어주는 성령의 성화

우리는 이제 진리로 성화되었으며, 아버지의 말씀은 진리다. 바로 이 사실이 그처럼 엄청난 변화를 일으켰다. 그리스도인은 하나님의 말씀을 허접한 방식으로 바라보는데서, 옛 방식에서 벗어난 사람이다. 우리는 절반은 유대인이면서 또 절반은 그리스도인으로 사는 것이 무엇인지를 알고 있다. 우리는 복음 안에 담겨 있는 하나님의 무한한 은혜를 통해서 그리스도를 알게 되었고, 그리스도의 모든 계시를 가슴에 품게 되었으며, 문자적인 적용을 볼 수 있게 되었다. 이제 이 모든 성경의 계시는 창세기 1장부터 요한계시록 22장에 이르기까지 성령의 마음을 가득 채우고 있는 분의 광채 속에 흡수되었고, 녹아들어 있다.

그렇다면 모든 성경은 우리의 유산이다. 따라서 우리의 유산이 무엇인지 확인하려면, 우리는 다만 아들 안에서 아버지를 알기만 하면 된다. 이렇게 말한다고 해서 조금도 그 의미를 축소하는 것으로 받아들여선 안된다. 어떤 사람들은 그 의미를 확대해석함으로써, 그리스도인을 유대인들이 사망의 직분으로 가지고 있었던 그 상태(고후 3:7)에 가두려고 한다. 유대인들은 정죄와 사망의 직분 아래 있었건만, 어떤 사람들은 그것을 우리의 생명의 원리로 받아들이도록 애쓰고 있다. 그처럼 율법에 밀착하는 사람들은 율법의 정죄에 빠지기 쉽다. 사랑하는 친구들이여, 우리 구주께서 율법의 정죄에서 우리를 건지시기 위해서 우리 앞에 펼쳐놓으신 복음의 자유를 포기해버리지 말라. 이러한 자유를 우리에게 주시고자 하나님께서는 율법을 자랑하는 유대인을 정죄 아래 가두어두셨던 것이다. 만일 우리가 유대인이라면, 우리는 이런 성화는 꿈도 꾸지 못할 것이다. 주님의 제자들의 경우를 생각해보자. 그들은 유대인이었고, 게다가 믿는 유대인이었다. 그럼에도 그들은 진리로 성화될 필요가 있었다. 그 말은 그들은 그때까지도 성화되지 않았다는 뜻이다.

그렇다면 성화는 회심이 아니다. (요한복음 13장 10절을 보면, 그들은 이미 회심한 사람들이었다.) 그들은 아버지의 성별시키는 능력의 말씀을 통해서 곧 성화될 것이다. 그리고 그처럼 엄청난 변화가 그들 속에 일어났다. 어떻게 그런 변화가 일어났을까? 주님은 무엇이라고 하셨는가? "저희를 당신의 진리로 성화시켜 주옵소서"(요 17:17)라고 말씀하셨다. 분명 기록된 말씀에 의하면, 이 일은 일어났으며, 이것은 신성한 진리의 새로운 발전이었고, 아버지의 이름이 아들을 통해서, 아들에 의해서 계시되었다는 것은 새로운 시대를 여는 굉장한 일이었다.

요약하자면, 그 일을 이루는 도구는 신약성경이었다. 이렇게 말한다고 해서 구약성경의 가치가 훼손되는 것이 아니다. 구약성경의 가치를 훼손하는 것이 아니라, 오히려 구약성경이 가진 가치를 제대로 평가하게끔 해 준다. 이렇게 하는 것이 성경 전체를 바르게 이해하는 것이다. 아버지를 앎으로써 우리는 하나님의 말씀 속으로 들어갈 뿐만 아니라 말씀의 모든 부분을 우리의 것으로 누릴 수 있게 된다. 이로써 우리는 아무 것도 잃은 것이 없게 된다. 우리 자신이 성화된다는 것을 유대인이 되는 것쯤으로 여기거나, 또는 그렇게 생각해선 안 된다. 오히려 그 반대다. 정확하게 말하자면, 유대인이었던 사람조차도 성령의 성화를 통해서 유대적인 모든 것을 벗어버리게 된다. 사실 이것은 그리스도 안에서 새사람이 되는 문제다.

따라서 우리는 주님이 말씀하고 있는 실상을 선명하게 볼 필요가 있다. 이 일은 하나님의 영의 권능에 의해서 이루어지는 엄청난 변화다. 주님은 "저희를 당신의 진리로 성화시켜 주옵소서 아버지의 말씀은 진리니이다"라고 말씀하셨다. 그렇다면 우리는 이 당시 제자들이 아직 그리스도인의 입장에 서있지 않았다는 사실을 반드시 기억해야 한다. 여기서 주님이 말씀하신 성화시키는 역사는 제자들을 그리스도인으로 따로 구별시키는 역사다. 이처럼 성령의 성화는 생명을 받는 문제가 아니다. 이 성화는 그런 것이 아니다. 게다가 여기 말하고 있는 성화는 하나님의 자녀가 날마다 점진적으로 이루어가는 실제적인 성화를 가리키고 있지도 않다. 이런 실제적인 성화 또한 매우 중요하다. 이처럼 실제적인 성화를 언급하고 있는 성경 구절도 많이 있다. 예를 들어 데살로니가전서 4장 3,4절, 5장 23절, 히브리서 12장 14절이 있다. 이런 실제적인 성화 외에도 더욱 일반적이고, 더욱 근본적으로 하나님 아버지께로 따로 성별시키는 성화가 있다. 일생동안 진행되는 실제적인 성화를 제외하면, 아버지께로 따로 성별되는 (신분적인) 성화는 주 예수께서 지금 말씀하시는 것을 가리킨다. 새로운 세대에 속한 그리스도인으로서의 특징과 능력 속으로 따로 구별시키는 것, 바로 이것이 그 당시 주 예수님을 둘러싸고 있던 제자들에게 일어날 일이었다. 그들은 여전히 옛 세대에 속한 것들과 연결되어 있었고, 유대인으로서 지금 이 순간까지 인도함을 받았다. 하지만 그들은 이제 유대교로부터 벗어날 시간을 맞이했다. 주 예수께서는 이 순간을 마음에 고대하고 계셨던 것이다.

하지만 이것이 전부는 아니다. 주님은 그저 "저희를 당신의 진리, (즉 흔히 그리스도인의 성경으로 부르는 신약성경에 매우 특별하고도 직접적으로 나타나 있는) 아버지의 진리를 통해서 성화시켜 주옵소서"라고 말씀하신 것이 아니다. 더구나 주님은 "아버지께서 나를 세상에 보내신 것같이 나도 저희를 세상에 보내었고"(요 17:18)라고 말씀하셨다. 이로 보건대 성화는 유대 땅과는 아무 관련이 없는 문제였다. 세상이 그들 앞에 있었다. 따라서 만일 아버지께로 따로 구별되는 일에 친밀함의 문제가 있었다면, 또한 세상을 향한 사명의 문제도 있었다. 비록 주 예수에겐 이스라엘 집의 잃어버린 양들을 향한 사명이 있긴 했지만, 이제 제자들이 받은 사명은 주님이 요한복음에서 행하셨던 방식과 같지 않은 것이었다. 이 점에 대해선 깊이 생각해볼 것이 있다. 사실 요한복음 전체를 통해서 볼 때, 이스라엘 백성들은 전적으로 하나님에게서 멀리 떠나 있었을 뿐만 아니라, 그들이 속해 있는 유대교 시스템은 오히려 하나님 아버지를 대적하고 있었다. 따라서 유대교는 모든 것이 무너져 내린 상태에 있었고, 아무 소망도 없이 그저 악과 원수들이 판을 치는 상태에 있었다. 이런 상태에서 아버지께서 주님을 세상에 보내신 것처럼, 주님도 제자들을 세상에 보내고자 하셨다.

성화를 이루는 두 번째 도구, 하늘에서 들어가신 주님

아버지께로 따로 구별되는 이러한 역사가 효력을 더욱 발휘하도록 하기 위해서, 주님은 또 다른 매우 중요한 진리를 덧붙이셨다. "또 저희를 위하여 내가 나를 성화시키오니 이는 저희도 진리로 성화되게 하려 함이니이다."(19절) 즉 아버지의 말씀만으로 충분하지 않은 것이다. (아버지의 말씀은 참으로 복된 것이며, 그 말씀이 우리를 위하고 있다는 사실은 모든 것을 변화시킨다.) 우리는 말씀을 사랑하고 또 우리의 애정을 말씀에 묶기 위하여 인격적인 대상을 필요로 한다. 그렇다면 주 예수님 외에 누가 우리의 대상이 될 수 있단 말인가? 그렇지만 우리 애정의 대상은 지상에 계신 주 예수님이 아니다. 유대인들은 여기 이 땅과 연결되어 있는 주님에 대한 계시를 통해서 복을 받게 될 것이다. 나는 그것이 얼마나 멀리 있고, 또한 얼마나 오랫동안 기다려야 하는 것인지 말하고 싶지 않다. 어쨌든 그들은 복을 받게 될 것이다. 그들은 여기 이 땅에서 장차 약속된 메시아로 나타나실 분을 만나 뵙게 될 것이다. 우리가 아는 대로, 주님은 감람산을 밟고 서실 것이다. 하지만 이 일은 우리가 알고 기대하는 주님의 모습이 아니다. 어떻게 다른가? 우리 주님은 지금 하늘에 계신 아버지의 임재 속에 계신다. 이것이 바로 주님이 자신을 거룩하게 구별시키신다는 의미다. 이것은 십자가에서 자신을 희생하시는 것이 아니다. 십자가에서 하나님은, 주님을 성화시키시는 대신, 오히려 죄가 되게 하셨다. 믿는 우리로 하여금 하나님에게 버림받지 않게 하시려고, 십자가에서 주님은 대신 버림을 받으셨다. 심지어 죄가 되셨을 때에도 예수님은 하나님 아버지의 기쁨의 대상이셨으며, 그처럼 엄숙한 심판의 시간에도 아버지께는 기쁨 자체이셨다. 이런 의미에서 예수께서 십자가에서 죄가 되신 것은 매우 사실일 뿐만 아니라 주님이 조금도 자신을 아끼지 아니하시고 우리 죄악의 모든 결과를 친히 짊어지시고, 우리가 저지른 악에 대한 심판을 하나님의 손에서 직접 받으신 것은 매우 실제적인 일이었다. 분명 십자가는 모양만 있는 것이 아니라 실체가 있으며, 허영으로 가득한 세상 한 가운데 우뚝 서있다. 그리스도의 고난의 실체를 약화시키면, 우리 구속(救贖)의 효력도 약화된다. 그리스도의 고난의 실체를 약화시키면, 하나님의 영광도 약화된다. 이 사실이 당신의 구원 또는 나의 구원 보다 더욱 더 중요한 것이다. 형제들이여, 모든 것이 십자가에서 만나며 또한 거기서 모든 문제가 영원히 해결된다. 모든 악이 거기서 주님에게 쏟아 부어졌으며, 주님은 그 악을 처리하고자 심판을 받으셨다. 악이 아무리 추악하고 더러워도 예수께서는 그 악을 제거하기 위해서 고난을 받으셨다. 죄가 아무리 중하고 무거워도 예수께서는 자신의 보배로운 피로 그 모든 죄들을 정결하게 하셨다. 그 결과로 하나님께서는 죄인을 보실 때 또는 죄악으로 가득한 영혼을 보실 때에도, 완전히 만족하실 수 있게 되었고, 이로써 죄인도 각성된 양심으로 그처럼 갈망하던 안식을 얻을 수 있게 되었다. 그럼에도 이것은 우리 주님이 친히 자신을 따로 구별하시고 또는 우리가 지은 죄들을 위해 자신을 성화시키심으로써 "저희를 진리로 성화시키는" 역사와는 전적으로 다른 것이다. 주 예수님은 이제 사람을 위해 전적으로 새로운 자리로 들어가고자 하신다. 이 자리는 그리스도인들로 하여금 진실로 그리고 참으로 그리스도인다운 특징을 띠게 해주는 완전히 새로운 자리인 것이다. 그 자리는 그리스도인이 비록 이 땅에 있지만, 그럼에도 하늘에 속한 자로 살 수 있게 해주는 그리스도인의 본질(the essence of a Christian)에 속한 자리다. 하늘에 속한 사람이 되는 것이 무엇인지에 대한 계시가 없다면, 땅에 속한 사람이 어찌 하늘에 속한 사람이 될 수 있겠는가? 그리고 자신을 희생하심으로써 죄를 없이 하는 일을 하신 사람이신 그리스도 예수 외에 과연 누가 하늘에 속한 사람이며 또한 하늘에 속한 사람이 될 수 있었는가? 그리스도께서는 이제 하늘에서 이 새로운 자리를 차지하셨고, 새로운 가족의 머리가 되셨으며, 하늘로서 성령을 보내심으로써 우리에게 그 사실을 계시하는 일을 하신다.

우리가 사모해야 하는 대상이신 영광 가운데 계신 주님

바로 우리 주님이 추가로 더하여 하신 말씀 속에는 이처럼 강력한 메시지가 담겨 있다. 아버지의 말씀 속에 있는, 더욱 특별하게는 신약성경 속에 있는 진리의 충만만을 우리에게 주는 대신, 동시에 구약성경까지 포함해서, 성경의 모든 부분에서 아버지를 아는 방법을 적극적으로 우리에게 알려주심으로써, 주님은 우리가 진리를 알 수 있도록 자신을 하나의 표본으로 우리 앞에 제시하셨던 것이다. 아버지의 세부적인 말씀을 소유하는 것 외에도, 우리는 우리 마음을 고정시킬 대상이 필요하다. 하나님의 계시의 풍성 속에서 우리 자신을 잃어버리지 않으려면, 우리에겐 우리 마음이 사모하고 본받고 싶은 인격적인 대상이 필요하다. 이제 여기에 우리의 모든 애정을 당당히 요구하실 수 있는 그런 분이 있다.

그분은 모든 대상물 보다 가장 가치 있는 분이시며, 하나님 아버지의 전격적인 사랑의 대상이신 분이시다. 그리스도는 바로 그런 분이시다. 모든 악을 정복하시고, 모든 선을 베푸시는 분이시다. 사랑의 힘으로 공의를 굳게 세우심으로써, 오로지 우리를 복 주고자 하시는 분이시다. 하나님은 지금 우리의 아버지로서 이렇게 우리에게 복을 주는 일을 하실 수 있으며, 무한한 가치를 가지고 있는 주 예수의 희생을 통해서 이런 일을 하고 계신다. 이것은 하나님의 임재 가운데 계신 주 예수를 통해서 하나님이 계시하는 신약의 계시이며, 성령을 보내심으로써 우리로 하여금 알게 하고자 하시는 은혜의 경륜의 핵심이다. 그러므로 우리 주님이 하나님의 우편에 자신의 자리를 잡으신 것은 기독교에서 그저 당연지사가 아니라, 영원히 위대하고 또한 영광스러운 사건인 것이다. 그저 아무런 의미가 없는 것이 아니다. 전혀 그렇지 않다. 오히려 그리스도께서 하나님의 우편자리에 앉으셨다는 사실은 모든 신적인 진리의 뿌리이자 모판인 것이다. 그렇다. 우리가 받은 하늘에 속한 신령한 복의 근거인 것이다. 하늘에 계시는 그리스도는 성령께서 진리를 통해서 우리를 빚고자 하시는 모델이신 인자이시다. 진리와 사랑을 이 세상에 나타낼 수 있는 자신의 경이로운 도구로 삼으시려면, 성령님은 우리를 그 모델에 딱 맞게 그리고 완전하게 빚으셔야만 한다. 왜냐하면 하나님께서는 여기 이 땅에서 그리스도의 사람이 된 사람들 속에서 그리스도가 재현되길 바라시기 때문이다.

이러한 것이 "또 저희를 위하여 내가 나를 성화시키오니 이로써 저희도 진리로 성화되게 하려 함이니이다"(19절)라는 말씀 속에 암시되어 있는 또 다른 내용이다. 우리가 성화되는 데에는 아버지의 말씀이 필요하다. 하지만 우리를 성화시키는 이 일이 온전히 이루어지려면, 하늘에서 자신을 따로 구별시키신 인격체를 또한 필요로 한다. 신약성경에 소개된 아버지의 진리는 변함없이 주 예수께서 하나님의 우편자리에 앉으신 사실에 대한 우리의 이해보다 앞서게 되며, 이렇게 주님은 자신을 성화시킴으로써 우리 또한 진리로 성화되게 하고자 하신다. 그렇다면 우리가 진정 이 일을 위해 하늘에 거하시는 주님을 바라보게 되면, 우리 영혼 앞에 새로운 목표로서 세상 밖에 계신 주님을 소유하게 되는 일의 중요성을 깨닫게 되고, 이로써 성령께서는 우리가 여기 이 땅에 있는 이 기간 동안부터 우리를 변화시키시는 역사를 시작하시게 되며, 신구약성경에 있는 모든 진리를 사용함으로써 우리를 더욱 그리스도의 인격을 닮도록, 거룩한 힘으로 작용하기 시작한다. 그간 말씀 속에 감추어 있던 진리는 활성화되면서, 우리에게 복을 점진적으로 열어주는 것으로 작용하기 시작한다. 여기서 주님이 "저희를 위하여 내가 나를 성화시키오니"는 이대로 끝나는 것이 아니라, "저희도 진리로 성화되게 하는 것"으로 끝나게 된다. 따라서 만일 우리가 진리로 시작했고 또 주님이 하늘에 들어가심으로써 자신의 자리를 잡으신 것을 보았다면, 우리는 진리를 받아들이는 것으로 끝내선 아니되며, 더욱 이 진리가 우리를 사로잡고 진리를 통해서 거룩히 변화되는 데까지 나아가야 한다.

성도, 성령의 성화가 이루어진 결과

성화를 언급하고 있는 다른 신약성경 구절들을 살펴보면, 우리는 몇 가지 더욱 발전된 특징들을 볼 수 있으며, 또한 이처럼 위대한 진리가 각자의 상황이나 형편에 맞게 적용되어 나타나고 있음을 볼 수 있다.

거의 모든 서신서는 이 성화의 결과를 제시하고 있다. 즉 "로마에 있어 **하나님의 사랑하심을 입고 성도로** 부르심을 입은 모든 자에게"(롬 1:7), "그리스도 예수 안에서 **거룩하여지고 성도**로 부르심을 입은 자들"(고전 1:2), "온 아가야에 있는 **모든 성도**에게"(고후 1:1), "에베소에 있는 **성도들**과"(엡 1:1), "그리스도 예수 안에서 빌립보에 사는 **모든 성도**"(빌 1:1), "골로새에 있는 **성도들** 곧 그리스도 안에서 신실한 형제들에게"(골 1:2) 등등. 그리고 데살로니가 교회를 언급할 때에는 "**모든 거룩한 형제들**(unto all the holy brethren)"이라고 말했다(살전 5:27, KJV 참조) 분명 이 모든 구절에 사용된 "성도(the saints)"란 말은 어느 특정한 영적인 사람들만을 가리키는 것이 아니라, 모든 신자를 가리킨다. 이는 **하나님께 따로 구별된 사람들**이란 뜻이다. 그렇다면 이러한 (신분적) 성화의 역사는 하나님이 그리스도인들의 영혼 속에 역사를 시작하시는 초반부에 일어나는 일이다. 이 단어는 그들의 실제적인 거룩의 정도나 또는 실제적인 영적 지식의 성취를 의미하지 않는다. 오로지 이 세상에서 하나님의 자녀로 부르심을 받은 그 순간부터 이 세상에서 하나님에게로 따로 구별되었다는 의미만을 가지고 있다. 그 이상도 그 이하도 아니다.

이처럼 기초적인 진리에 대해서, 기독교계에는 너무도 많은 의미를 부여하려고 해왔다. 로마 가톨릭교는 신자 가운데 죽은 사람을 성인으로 시성하는 오류를 저질렀다. 게다가 이렇게 성인으로 시성될 후보자의 유골에서 초자연적인 역사가 일어날 때까지 성인으로 선언하는 일을 보류했다. 신자들이 기꺼이 다른 신자들을 성도로 인정하고 또 주의 이름을 고백하는 시작점에서부터 그리스도 예수 안에서 자신이 성화되었음을 고백하는 것이 아니라, 교황이 누가 성도인가를 결정하는 일만큼 비성경적인 것이 어디에 있는가? 이런 일은 하나님의 풍성한 은혜와 신자의 엄중한 책임을 약화시키는 일이 아니면 무엇인가? 모든 신자는 성도다. 그러므로 성도는 성도다운 행실을 해야 한다. 이렇게 성도가 되는 일은 개인의 엄청난 겸손 때문이 아님을 인정하지 않는 것은 주님에게 엄청난 불명예를 돌려드리는 일이며, 또한 그들 자신의 영혼에게 엄청난 손실을 가져오는 무지에 속한 불신앙일 뿐이다. 성경은 그리스도를 고백하는 모든 신자는 성도로 부르심을 받았으며, 성도라는 사실을 명백하게 밝히고 있기 때문에, 성화는 그리스도의 이름을 믿는 모든 사람에게 이루어진 일로 선언되고 있다. 성도는 하나님께로 따로 구별된 사람이다. 이것은 초대교회 시대부터 확고한 사실이다. 사도행전 9장 13절, 20장 32절, 그리고 26장 18절을 보자.

"아나니아가 대답하되 주여 이 사람에 대하여 내가 여러 사람에게 듣사온즉 그가 예루살렘에 있는 **주의 성도들**에게 적지 않은 해를 끼쳤다 하더니." (행 9:13)

"지금 내가 너희를 주와 및 그 은혜의 말씀께 부탁하노니 그 말씀이 너희를 능히 든든히 세우사 **성화된** 모든

자 가운데 기업이 있게 하시리라."(행 20:32)

"그 눈을 뜨게 하여 어두움에서 빛으로, 사단의 권세에서 하나님께로 돌아가게 하고 죄 사함과 **나를 믿어 성화된 무리** 가운데서 기업을 얻게 하리라."(행 26:18)

바울이 말하는 성화

다시 고린도전서 1장 20절을 보면, 우리는 또 다른 참고 구절을 볼 수 있는데, 전체 구절을 다 살펴보지는 않을 것이다. 왜냐하면 그렇게 하는 것은 현재 주제를 벗어나는 것이기 때문이다. "너희는 하나님께로부터 나서 그리스도 예수 안에 있고 예수는 하나님께로서 나와서 우리에게 지혜와 **의로움과 성화와 구속함이** 되셨으니." 여기서 나는 하나님의 영께서는 "성화"란 단어를 매우 넓은 의미로 사용하셨다고 생각한다. 즉 성화는 우리 믿음의 초기에 하나님의 아들 주 예수 그리스도를 통해서 우리를 우리 하나님 아버지에게로 구별시키는 역사일 뿐만 아니라, 계속해서 그 구별시키는 능력을 통해서 우리 영혼을 실제적으로 성화시키는 역사를 끝까지 진행해나가는 것을 의미한다. 이는 성화와 관련된 매우 일반적인 개념이다. 내가 믿기론 성화의 의미에는 이 두 가지 사안이 다 있다. 지혜는 특히 그리스 사람들이 선호했던 철학과는 대조적인 의미를 가지고 있다. 불완전한 모든 것을 대체해버리고 또한 은혜에 의해서 신자에게 주어지며, 도덕적으로 하나님과 일치를 이루게 해주는 "의"는 절대적으로 인간이 필요로 하는 것이었다. "성화"는 처음 부르심을 받았을 때 뿐만 아니라 신자의 삶이 지속되는 내내 필요로 하는 것이다. 그리고 구속은 은혜를 통해서 완결된다. 여기서 바울이 말하는 구속함이란 그리스도의 피를 통해서 이루어진 영혼의 구속을 가리키는 것이 아니라, 장차 그리스도의 재림을 통해서 이루어질 우리 몸의 구속을 가리킨다. 이로써 우리는 모든 것이 본래 있어야 할 제자리에 있는 것을 볼 수 있다. 이로써 우리는 "성화"란 용어가 가지고 있는 좀 더 광대한 의미를 볼 수 있게 되었다. 여기서 구속이란 단어가 훨씬 광대한 의미로 사용된 것처럼, 성화란 단어 또한 그렇게 사용되고 있음을 볼 수 있다.

고린도전서 6장에 오게 되면, 우리는 이에 대한 좀 더 정확한 의미를 볼 수 있다. "너희 중에 이와 같은 자들이 있더니 주 예수 그리스도의 이름과 우리 하나님의 성령 안에서 **씻음을 받았고, 성화되었으며, 의롭다 하심을** 얻었느니라."(11절) 19세기 신학자 가운데 어느 누구도 이 순서를 따르는 사람은 없었다. 그러므로 그들은 진리를 놓칠 수밖에 없었다. 한 가지 더 언급하자면, 어느 시대를 막론하고 하나님의 영감을 받은 사람을 제외하곤 이 주제의 말씀을 성경적인 의미대로 이해하고 쓸 수 있는 사람은 없었다. 과연 우리는 말씀을 합당하게 다를 수 있는 지혜를 배웠는가? 과연 우리는 이 말씀들의 순서가 어째서 이처럼 중요한 것인지, 그 이유를 발견했는가? 분명 이 구절은 우리가 아는 의미대로 성화를, 의롭다 함을 받은 이후 하나님의 영을 통해서 진리를 양심에 실제적으로 적용시켜주는 것으로 제시하고 있지 않다. 그런 것이 개혁주의자들(Protestants) 가운데 널리 퍼져 있는 개념이었다. 그런 것은 로마 가톨릭처럼 성화를 칭의와 혼동하는 것에 불과한 것일 뿐이다.

그러므로 사도 바울의 말이 신성한 진리를 완벽하게 표현하고 전달하는 도구로 생각한다면, 성화를 칭의 이후에 영혼 속에서 진행되는 실제적인 과정으로만 제한시키는 개념은 모두 불완전할 수밖에 없다. 여기서 사도 바울이 우리의 교훈을 위하여 제시하고 있는 진리는 그런 개념을 가지고 있지 않다. 과연 이 말이 우리가 믿고 의롭다 함을 받은 이후에 성결을 통해서 영적인 성장을 이루어가는 실제적인 성화의 가치와 필요성을 약화시키는 것인가? 결코 그렇지 않다. 나도 실제적인 성화의 중요성과 그것이 바른 성화의 개념인 것을 인정한다. 그래서 우리는 지속적으로 날마다 하나님께로 거룩히 구별되는 삶을 살아가야 하며, 그럴 때 삶의 모든 부분에서 성화를 이루게 된다. 그럼에도 나는 사람이 그처럼 쉽게 자신의 생각과 판단에 받아들일 수 없는 진리가 있으며, 또한 그리스도인들이 하나님과의 관계를 더욱 충만하고 더욱 선명하게 이해를 하는데 걸림이 되는 요소가 있을 수 있음을 인정한다.

무엇보다 사도 바울이 여기서 고린도인들에게 말하고 있는 것은 (비록 그들이 주 예수를 알기 이전에 얼마나 비도덕적인 삶을 살았던 사람들이었는지와는 상관없이) 그들이 그리스도를 영접했을 때, 그들이 깨끗함을 받았다는 것이다. 그들이 받은 세례(침례)가 그에 대한 외적인 표시였을 수도 있다는 생각이 든다. 나는 이 주제를 다루지는 않을 것이다. 하지만 깨끗함을 받은 것은 성화되는 것과 같은 것이 아닐뿐더러, (모든 사람이 인정하듯이) 성화는 칭의와도 다르다. 하지만 이 모든 것들이 그리스도인의 구원을 이루는데 필수적인 부분들을 표현하고 있듯이, 하나님이 고린도인들에게 쓰신 이 모든 것들도 그들의 권리이지 않겠는가? 고린도 신자들은 "씻음을 받았다"고 언급되고 있다. 왜냐하면 범죄한 영혼에게 하나님의 말씀의 첫 번째 작용이 그의 더러움을 다루는 것이기 때문이다. 그렇다면 말씀이 영혼 속에 작용할 때에는 우리 영혼을 더럽힐 수 있는 악을 검출해내고, 판단하고, 그리고 제거하는 역사를 하기 마련이다. 말씀으로 깨끗하게 하는 것은(엡 5:26)은, 물론 그러한 말씀의 작용이 성화의 역사와 매우 비슷하긴 하지만, 그럼에도 성화시키는 역사는 아니다. 하나님의 은혜는 그분 자신과 완전히 반대되는 것을 인식하고 또 그것을 깨끗이 씻어내도록 작용한다. 하지만 성화시키는 것은 더욱 긍정적이고 또한 절대적으로 영혼을 선한 일을 하도록 성별시키는 작용을 한다. 성화의 역사 속에는 우리의 정서들을 집중시킬 수 있는 성별의 대상이 있기 마련이며, 이는 단순히 우리의 영혼에 묻은 악을 깨끗하게 씻어내는 차원이 아니다.

비록 우리가 씻는 것과 성화시키는 것을 구분할 수 있을지라도, 핵심적인 요소는 하나님의 살리시는 능력* 아래 들어가게 된 사람의 영혼 속에서 그 두 가지를 분

---

* 따라서 에베소서 5장 25-27절을 보면, 우리는 그리스도께서 "교회를 사랑하시고 위하여 자신을 주셨는데, 이는 교회를 성화시키기 위함이니 곧 물로 씻어 말씀으로 깨끗하게 하심으로써, 자기 앞에 영광스러운 교회로 세우사 티나 주름 잡힌 것이나 이런 것들이 없이 거룩하고 흠이 없게 하려는"(다비역) 것임을 알 수 있다. 반면 킹제임스 성경은 이 순서를 "성화시키시고 깨끗하게 하심으로"라고 말하고 있다. 말씀을 통해서 물로 씻는 것 또는 정결하게 하는 것은 그리스도께서 교회를 성화시키는 방법이다. 이 구절의 목적은 성화시키는 역사 자체를 설명하려는 것이지, 초기 구별시키는 역사와 점진적인 역사를 구분하려는 것이 아니다.

리해낼 수는 없다는 것이다. 여전히 하나님은 자신의 생각과 말씀에 순서를 정하시는 일에 있어서 지혜로운 분이시다. 반복해서 말하지만, 깨끗하게 하는 일은 성령을 통해서 하나님의 말씀을 양심에 적용함으로써 이루어지는 일이다. 그리스도를 영접하게 되면, 그리스도께서는 죄인에게 하나님 앞에서 자신의 악을 대면하고 또 판단하는 일을 하도록 하신다. 이제 이 사람은 하나님에게서 난 사람이 된다. 이렇게 거듭난 결과로, 그는 자신이 실제로 어떤 사람인지를 직시하게 되고, 자신의 실상을 있는 그대로 느끼게 된다.

이어서 회개가 일어난다. 뿐만 아니라 마음을 사로잡고 그 영혼이 바라보아야 하는 대상을 계시하는 역사를 통해서 성화시키는 역사는 계속 진행된다. 그렇다면 씻는 일은 더러움을 제거하는 일을, 성화시키는 것은 영혼이 바라보아야 할 대상을 계시하는 일을 가리킨다. 이로써 영혼은 자신의 마음을 사로잡고 또 다른 모든 것에서 돌이켜, 따로 구별시키는 대상이신 분을 바라보게 된다.

 이런 것이 하나님의 영께서 성화를 이루시는 방법이다. 이제 세 번째 표현, 즉 의롭다 함을 받는 것을 살펴보자. 여기 보면 의롭다 함을 받는 일은 성화 이전 아니라 이후에 자리를 잡고 있다. 이런 것이 하나님의 영께서 정하신 순서다. 의롭다 함을 받는 일은 깨끗이 씻음을 받고, (신분적인) 성화가 이루어진 이후에 된다. 이 구절과 사람이 이미 의롭다 함을 받은 이후에 그리스도인으로서 실제적인 거룩을 이루며 살아가야 한다는 성화의 교리를 과연 어떻게 조화시킬 수 있는가? 불가능하다. 사도의 선언을 이해할 수 없는 말로 치부하면서 그냥 무시해버릴 것인가? 과연 우리는 이 주제에 대한 하나님의 진리를 우리 영혼이 받아들이고 또 누릴 순 없는 것인가? 진리는 이렇다. 즉 우리 주님이 요한복음 17장에서 사용하신 "성화시킨다"는 단어는 흔히 사람들이 사용하는 의미와 상당히 다를 뿐만 아니라 더욱 광대한 의미를 내포하고 있으며, 게다가 하나님의 영께서 사도 바울을 통해서 그 단어를 사용하신 방식은 영혼이 주님을 알게 된 이후에 영적인 성장과 실제적인 성화를 이루어가는 것과는 전혀 다른 의미로 사용했다는 것이다.

베드로가 말하는 성화

나는 이런 특이점이 제멋대로 나타난 현상이 아니라, 오히려 하나님의 영께서 매우 신중한 방법으로 설정하신 것이란 사실을 보여주고자 다른 성경구절을 인용하고자 한다. 진리의 동일하지만 다른 측면은 또 다른 사도를 통해서 계시되었다. 베드로전서 1장 2절을 보면, 우리는 소아시아 지역에 흩어져 있는 유대인 그리스도인들은 "하나님 아버지의 미리 아심을 따라 **성령의 성화를 통하여 순종과 예수 그리스도의 피 뿌림에 이르도록** 택하심을 받은 자들"인 것을 볼 수 있다. 사도 베드로는 성화 이후에 예수 그리스도의 피 뿌림을 받는 것으로 언급했는데, 마찬가지로 고린도전서 6장을 보면 성화 이후에 "의롭다 함을 받는" 것이 나타나 있다. 그렇다면 고린도전서 6장의 "의롭다 함을 받은 사람"은 여기서 예수의 피 뿌림을 받은 사람이라는 사실을 알 수 있다. 사람들의 일반적인 생각에 따르면, 사도 베드로가 표현하고 있는 방식은 다소 생소할 수 있다. 즉 유대인 그리스도인은 예수 그리스도의 피 뿌림에 이르도록 택하심을 받은 이 후에, 이어서 하나님의 영께서는 그들 영혼 속에 성화의 역사를 진행해나가야 한다. 하지만 베드로는 전혀 다른 진술을 하고 있다. 베드로는 여기서 "성령의 성화를 통하여 순종과 예수 그리스도의 피 뿌림에 이르도록 택하심을 받는" 것을 언급하고 있다.

다시 말해서 예수의 피 뿌림을 받은 것은 성화의 결과인 것으로 말하고 있는 것이다. 이는 그들이 예수의 피 뿌림을 받기 위하여 성령에 의해서 성화되었기 때문이다. 102쪽에 있는 부록을 참고하라.

그렇다면 여기서 말하고 있는 성화는 무엇인가? 이는 매우 실제적인 질문이다. 하나님의 영께서 바울을 통해서 "성화되었고, 의롭다 함을 받았다"고 말씀하신 것은 무슨 뜻이며, 이제 베드로를 통해서 "성령의 성화를 통해서 순종과 예수의 피 뿌림에 이르도록 택하심을 받았다"는 것은 무슨 뜻인가? 고린도전서 6장에서는 "의롭다 함을 받는 것" 앞에, 베드로전서 1장 2절에서는 예수의 피 뿌림을 받는 것 앞에 성화가 있다. 이 두 개의 본문에 있는 "성화"는 영혼이 다시 살리심을 받고자 하나님을 열망하고, 자신을 신뢰하지 않고 (그럼에도 여전히 선을 행할 수 있다는 소망 가운데서) 예수를 바라보는 시간부터 진행되는 성령의 역사로 보아야 한다. 어쩌면 이 상태에 있는 영혼은 광대한 은혜가 이미 모든 것을 예비했다는 사실을 아직 알지 못하는 상태에 있을 수 있다. 하지만 기꺼이 엎드려 자신이 저질러온 죄와 허물을 하나님 앞에 고백하면, 그 모든 것을 용서하시는 하나님과 그 하나님 안에 충분한 자비가 있다는 사실은 알고 있다. 따라서 영혼은 하나님을 전적으로 의지하며, 모든 선함이 하나님 안에 있음을 완벽하게 확신하고, 주 예수를 통하여 하나님의 은혜가 자신의 영혼에 쏟아부어주실 것을 신뢰한다. 그럼에도 영혼은 은혜가 얼마나 광대한 것이며 또한 자신의 영혼이 살리심을 받기 이전에 이미 자신의 영혼을 위해서 얼마나 큰 역사가 완성되었는지는 아직 알지 못할 수가 있다. 하나님의 영께서는 어떤 대가를 지불할지라도 하나님의 뜻을 행하고픈 열망을 일으키시며, 그런 열망으로 가득한 영혼에게 하나님 앞에서 그야말로 무한한 가치를 지닌 주 예수의 사역을 증거해주신다. 그때, 이를 통해서 예수의 피 뿌림을 받게 된다. 성령께서 효과적으로 역사하려면, 먼저 선택을 받는 일이 일어나야 한다. 따라서 예수의 피 뿌림을 받기 이전에 성령의 선행적인 역사가 있을 수밖에 없다.

베드로의 언어 속에는 몇 가지 사실 또는 구약성경의 예표에 대한 암시가 있다. 즉 믿는 유대인은 옛 이스라엘 국가와 비교했을 때 확실히 새로운 신분을 얻은 사람으로 간주된다. 모세가 "언약서를 가져다가 백성에게 낭독하여 듣게 하니 그들이 이르되 여호와의 모든 말씀을 우리가 준행하리이다 모세가 그 피를 가지고 백성에게 뿌리며 이르되 이는 여호와께서 이 모든 말씀에 대하여 너희와 세우신 언약의 피니라"(출 24:7,8)고 선언했을 때, 이스라엘 사람은 이제 출애굽기 24장을 잊어버릴 수 없게 되었다. 이제 베드로가 말한 구절과 출애굽기의 구절을 비교해보면, 우리는 여기서 상당히 유사한 요소들을 볼 수 있다. 즉 율법의 순종에 대한 맹세를 하는, 그처럼 엄숙한 순간에 바쳐진 희생제물의 피가 뿌려진 것이다. 하지만 그 차이점은 참으로 크다! 이스라엘은 율법에 순종할 것을 맹세했고 또 그 계명을 어긴 것에 대한 형벌로서 죽음을 상징하는 피로 뿌림을 받았다. 그리스도인은 아들로서 순종하셨고, 이제도 순종의 삶을 사시는 그리스도의 생명에 참여한 사람이다. 이로써 그리스도는 순종의 삶에 대한 완벽한 기준이시다. 그리스도인은 그리스도의 피 뿌림을 받은 사람이다. 즉 그리스도의 피는 하나님 앞에서 그리스도인이 지은 모든 죄들이 완전하게 깨끗하게 씻음 받았음을 선언한다.

성령의 성화

이처럼 처음부터 끝까지 지속적으로 역사하고 있는

성령의 역사를 가리켜 성경은 "성령의 성화"라고 부른다. 이런 성화의 역사는 처음 시작부분에서부터 영혼을 하나님께로 전적으로 성별시키는 과정을 포함하게 된다. 영혼을 다시 살아나게 하는 역사(Quickening)는 영혼을 허물과 죄로 죽어 있는 존재로 전제한다. 그렇다면 영혼은 하나님에게서 온 새로운 생명을 받아야 살리심을 받는다. 하나님의 생명을 받은 효과는 그 영혼의 마음을 생명을 주시는 하나님을 앙망하며 바라보게끔 해준다. 성화시키는 역사는 항상 영혼을 총체적으로 복을 주시는 하나님을 바라보도록 작용할 수밖에 없다. 따라서 이 상태에 있는 영혼에게 하나님이 주시는 복의 깊이와 정도는 불완전하게 알려질 수 있지만, 그럼에도 하나님만이 복을 주실 수 있는 분이란 사실은 절대적인 것으로 알려지게 된다. 탕자처럼, 아버지 집에는 양식이 풍족하고도 남는다는 영혼의 각성과 거기에 갈 수만 있다면 얼마나 행복할 것인가 하는 확신을 가지게 되는 것이다. 영혼은 자비가 베풀어질 것을 확신하긴 하지만, 그저 자신을 품꾼의 하나로 받아주기만을 바랄 뿐이다. 그곳에 도달하기만 하면, 자신에게 베풀어질 사랑을 확신하는 마음은 있다. 그래서 그는 영적인 여정을 나선다. 이런 것이 다시 살리심을 받은 영혼에게서 나타나는 효과다. 하나님의 영이 없다면, 탕자의 마음이 아버지에게로 돌이키는 일은 없었을 것이고 하늘과 아버지께 죄를 지었다는 각성과 고백도 없었을 것이다. 성령의 이런 작용은 즉각적일 뿐만 아니라, 필연적이다. 자신을 성찰하고 돌아보는 그 순간부터 총체적인 마음의 작용은 아버지와 아버지 집을 향하게 되고, 성령의 성화는 그렇게 작용하게 된다. 그가 아버지를 만나고 또 좋은 옷을 입고 신을 신고 또 손에 가락지를 끼우고 또 살진 송아지가 자신을 위해 죽는 것을 보았을 때, 그때 우리는 교리적으로 그가 "의롭다 하심을 받았다"고 말할 수 있다. 그렇다면 의롭다 하심을 받는 것은 이미 성령에 의해서 성화된 사람에게, 주 예수 그리스도의 사역을 믿는 믿음을 적용한 결과인 것이다.

물론 실제적인 거룩은 칭의 이후에 시작된다. 그런 견해에 대해서 나는 조금도 토를 달고 싶은 마음이 없다. 나는 조금도 그런 견해를 가진 사람이나 의견에 대해 전혀 이의를 제기하고 싶지 않다. 거룩의 점진적인 역사가 우리가 의롭다 하심을 받은 이후에 진행된다는 것은 중요한 진리다. 하지만 우리가 **의롭다 하심을 받기 이전에 일어나는 성령의 성화**는 어찌되는 것인가? 어째서 신학자들 또는 설교자들은 이에 대해서 아무 말도 하지 않는 것인가? 어째서 이 주제는 버려진 것인가? 이렇게 하는 것은 분명 성경을 존중하지 않는 태도이며, 하나님의 진리에 대한 모독이다. 어떻게 이 주제는 오늘날 기독교계에서, 그리고 지난 17세기 동안 이토록 무시를 받은 것일까? 그 정도로 다루지 않았을진대, 과연 근대 또는 현대 신학자들 가운데서 이 문제를 다루고 있는 것을 발견할 수 있는가? 과연 누가 이 주제에 대해서 말할 수 있는가? 나는 알지 못할 뿐만 아니라, 나는 어느 누가 그 일을 할 수 있을 거라고도 믿지 않는다. 사실, 이 진리는 절대적으로 이해할 수 없는 것으로 치부되었고, 다양한 신학교에서 거의 폐기되다시피 했다.

독자들이여, 우리는 이 사실로부터 무엇을 얻을 수 있는가? 성경을 중심으로 삼는 것이 복을 받는 길이란 사실은 언제나 진리다. 왜냐하면 이것은 그리 난해한 진리가 아니기 때문이다. 이것은 영혼에게 무슨 특별한 손상을 줄 수 있기에, 그냥 흘려버려도 되는 그런 것이 아니다. 바울과 베드로 모두가 다루고 있는 진리라는 관점에서 볼 때, 성령의 성화를 잃어버리게 되면 엄청난 손실을 겪을 수밖에 없다. 나는 지금 상대적인 또는 점진적인 성화로 부르는 것, 또는 실제적인 거룩 속에서 영적 성장을 이루어가는 것을 신학적으로 무엇이라 부르든, 그런 것에 대해 언급하고 있지 않다. 그 모든 것들은 나름대로의 의미가 있다. 그러한 용어들은 약간의 수정이 필요하긴 하지만, 나는 그에 대해 논쟁하고 싶지는 않다. 내 생각엔, 그러한 용어들은 대체적으로 진리를 표현하고 있다. 그래서 나는 이 주제와 관련해서, 알미니안주의자, 칼빈주의자 또는 기타 신학자와는 논쟁할 필요를 느끼지 않는다.

하지만 나는 이들 그리스도인들과 당신에게 이 "성령의 성화"란 진리가 매우 특별하고 의미 있는 주제는 아닐지라도, 그럼에도 하나님을 경외하는 모든 영혼을 위한 아주 기본적인 진리들 가운데 하나라는 점을 주장하고 싶다. 이처럼 신약성경의 가장 중요한 진리들 가운데 하나가 오늘날 대부분의 하나님의 자녀들에게 수수께끼처럼 되었다. 만일 내가 그런 생각을 품은 것이 실수라고 생각하는 사람이 있다면, 그 증거를 제시해주길 바란다. 만일 누군가 이런 분별이 나의 실수나 또는 나의 억측임을 지적해준다면, 나는 그것을 나에게 베푸는 최고의 친절로 기꺼이 받아들일 것이다. 하지만 나는 이 주제에 대해 심사숙고를 했다고 정직하게 말할 수 있으며, 지금까지 말해온 것은 정말 단순한 진리이며, (물론 중요한 진리이기도 하다), 신약성경 속에 나타나 있는 "성령의 성화"는 매우 중요한 의미를 가지고 있음에도, 오늘날 대부분의 그리스도인들에게 거의 설명이 되고 있지 않은, 즉 "미지의 영역에 있는" 진리라고 말하고 싶다.

그렇다면 이 진리가 영혼들에게 실제적으로 미치는 영향은 무엇일까? 거의 모든 부분에 걸쳐 나타난다. 분명한 것은 하나님의 영께서는 어떤 사람 속에서, 즉 많은 시련을 겪고 또 스스로 비참함을 느끼는(tried and miserable) 사람 속에서 이런 역사를 일으키신다는 점이다. 아버지의 말씀이 아니라 율법을 삶의 규칙으로 삼은 사람은, 더욱 비참함을 느낄 수밖에 없다. 왜냐하면 하나님이 율법을 주신 것은 그 어느 죄인도 행복하게 만들려는 의도가 전혀 없는 것이기 때문이다. "율법으로는 죄를 깨달음이라." 율법은 아담의 자녀를 노예로 삼고, 정죄하고, 죽이는 것 외에 무엇을 할 수 있단 말인가? (고린도후서 3장을 보라.) 게다가 율법은 거룩한 삶을 살 수 있는 능력을 줄 수 없을 뿐만 아니라, 삶의 본이 되는 대상을 영혼 앞에 제시하지도 않는다. 그럼에도 율법은 중요한 용도가 있다. 율법의 용도는 범죄한 영혼에게 유죄판결을 내리는 것이다. 사도 바울이 분명하게 밝혔듯이, 율법의 합당한 용도는 의로운 사람을 위한 것이 아니라, 다만 "불법한 자와 복종하지 아니하는 자와 경건하지 아니한 자와 죄인과 거룩하지 아니한 자와 망령된 자와 아버지를 죽이는 자와 어머니를 죽이는 자와 살인하는 자"(딤전 1:9)를 위한 것이다. 율법은 거룩한 삶을 살게 해주는 힘이 아니라, 죄를 억제하는 힘이다. 정확하게 말하면 성화시키는 능력의 반대로 작용하는 힘인 것이다. 아버지의 은혜는 아버지께서 마음에 품고 계신 가장 복된 대상을 우리에게 계시해주는 것으로 작용한다. 아버지의 말씀은 그분의 사랑의 대상을 우리의 사랑의 대상으로 삼게 해주는 것으로 작용한다. 이런 것이 성화시키는 작용이다. "그들을 아버지의 말씀으로 성화시켜 주옵소서 아버지의 말씀은 진리니이다…또 그들을 위하여 내가 나를 성화시키오니 이는 그들도 진리로 성화되게 하려 함이니이다."(요 17:17,19)

이 외에, 성령의 성화는 우리에게 그리스도인의 전 생애에 걸쳐서 일어나는 그리스도인 성화의 완전한 특징을 부여해준다. 그럼에도 성령의 성화는 하나님에게서 난, 즉 거듭난 모든 영혼 속에서 성령께서 일으키는 최초의 역사다. 마음을 열고 그리스도를 영접한 사람에게 생명이 주어진 이후, (생명이 주어지는 일은 영혼에 따라 다소간 차이가 있을 수 있다. 종종 이 일은 방해를 받을 수도 있고, 율법 아래 종노릇하는 상태가 지속될 수도 있다. 그럼에도 영혼이 온전히 하나님에게로 향하게 될 때, 생명이 주어진다) 하나님의 영께서 가장 먼저 일으키시는 효과다. 이런 경우 자신이 성화되었다는 확신을 가지게 된 영혼은 얼마나 견고한 신앙생활을 시작하는지 모른다! 만일 사람이 자신이 이미 성화되었다는 확신을 가질 수만 있다면, 얼마나 안심이 될 것인가! 마찬가지로 자신의 무가치함을 인식하게 된 많은 사람은 절망의 나락으로 떨어지게 된다. 왜냐하면 그는 주 예수의 은혜에도 불구하고, 어쨌든 자신은 성화되지 않았다고 크게 느끼기 때문이다. 그런 상태에 있는 영혼이 자신의 마음이 열망하고 있는 정도보다 더욱 절대적으로, 자신이 성화되었다는 사실을 알게 된다면, 얼마나 안심이 되는 일인가! 그렇다면 그는 자신을 그리스도에게로 더욱 밀착시키지 않겠는가?

하지만 그 이상의 것이 있다. 하나님은 시련을 당하고, 절망을 느끼고, 주 예수를 믿는 믿음을 통해서 완전한 위안과 평안을 얻을 능력이 없는 상태에 빠진 영혼을 만나주는 일을 하시며, 심지어 이미 성화되었음에도 그런 상태에 빠진 영혼을 그냥 내버려두는 일이 없으시다. 여기서 베드로가 한 말의 중요성이 대두된다. "하나님 아버지의 미리 아심을 따라 성령의 성화를 통하여 순종과 예수 그리스도의 피 뿌림에 이르도록 택하심을 받은 자들에게."(벧전 1:2) 어째서 순종이 앞에 온 것인가? 이것은 종종 적지 않은 어려움을 주며, 때로는 사람들로 하여금 단어의 순서를 바꾸게끔 하는 슬픈 일을 일으킨다. 그들은 신자들은 순종하도록 부르심을 받았다는 사실을 인정은 한다. 하지만 만일 우리가 순종하는데 실패한다 해도, 그리스도의 피는 그 모든 결함을 상쇄시켜주고 보완해주는 것으로 생각하려는 성향을 나타낸다. 독자들 중에는 그처럼 하나님의 마음을 제대로 배우지 않은 사람처럼 성경을, (무례하게 말하려는 뜻은 없지만) 그처럼 경박하게 대하는 사람은 없을 것이다. 그러지 않길 바랄 뿐이다. 나의 형제들이여, 그렇지 않다. 사도 베드로는 결코 그런 의미로 말한 것이 아니다. 이 순종은 하나님의 영께서 한 영혼을 세상으로부터 구별시키는 일을 하실 때, 영혼의 첫 번째 반응을 가리킨다. 이로써 죄와 사탄으로부터 하나님에게로, 진실로 또한 참으로 돌아서게 되며, 이후부터 마음의 가장 크고도 중요한 열망은 순종하는 것이 되며, 예수의 피 뿌림은 하나님의 눈앞에서 죄책감에서 깨끗하게 되는 일을 보장하게 된다. 다소의 사울이 다메섹 도상에서 엎드러졌을 때, 그는 "주여 내가 무엇을 하리이까?"(행 9:6, KJV 참조)라고 말했다. 이런 반응을 사도 바울이 율법 아래 있었을 때 일어난 일이라고 말하고 싶은 사람들이 있음을 알고 있다. 나는 그런 생각에 동의하지 않는다. 복음의 완전한 자유를 누리지 못하는 상태가 있을 수 있다. 그럼에도 그 상태 속에 있는 영혼의 열망은 진지하고 복되다. 이것은 새롭게 주어진 본성 속에서 불타오르는 하나님의 뜻을 행하고 싶어 하는 본능이다.

예수의 순종과 예수의 피 뿌림에 이르게 해주는 성령의 성화

하지만 우리는 여기서 더 나아가야 한다. 우리는 이제 성령에 의해서 성화되었고, 택함을 받은 영혼의 순종의 정도가 바로 예수의 순종이란 사실을 보아야 한다. 왜냐하면 예수의 이름이, 내가 믿기론, 순종과 피 뿌림 모두를 가능하게 해주기 때문이다. 이것은 유대인의 순종이 아니다. 그런 것과는 차원이 다르다. 그래서 "예수 그리스도"란 말이 마지막에 소개된 것이다. 다시 베드로전서 1장 2절을 보자. "하나님 아버지의 미리 아심을 따라 성령의 성화를 통하여 예수 그리스도의 순종과 예수 그리스도의 피 뿌림에 이르도록(the obedience and sprinkling of the blood of Jesus Christ) 택하심을 받은 자들에게." 여기서 그 의미를 살리고자 영어 단어를 약간 변경했다. 피가 그리스도의 피를 가리키는 것처럼 순종은 그리스도의 순종을 가리킨다. 각성된 영혼의 첫 번째 열망은 순종의 삶을 사는 것이 아니겠는가? 하지만 예수의 순종과 같은 것이 아니라면, 하나님이 그런 순종을 가치 있게 여기지 않으실 것이다. 하나님이 가치 있게 여기시는 순종은 유대인처럼, 복을 받고자 또는 저주를 받지 않으려는 동기에서 율법을 순종하는 것이 아니다. 주님은 이런 원리를 따라서 순종하신 적이 한 번도 없으셨다. 주님은 항상 아들이란 의식에서 나오는, 즉 하나님의 아들이란 관계에서 나오는 순종을 하셨다. 지극히 순전한 그리스도인은 우리 주님과 동일한 의식을 가지고 순종하는 삶을 살고자 할 것이다. 왜냐하면 우리 또한 은혜에 의해서 하나님의 자녀가 되었기 때문이다. 우리 하나님, 곧 우리 아버지께서는 우리 속에 이렇게 신분에 터 잡은 순종을, 하나님의 뜻을 행하고자 하는 열망을 새로운 생명의 첫 번째 감정으로 심으셨다. 당신은 진정 거듭난 많은 사람들 속에서 이러한 것들을 보았을 것이다. 비록 그들이 영적인 자유를 누리고 있지는 않을지라도, (아, 너무도 많은 신자들이 바른 교리가 아닌 헛된 교리에 빠져 율법 아래 종노릇하고 있다) 그럼에도 그들은 하나님의 뜻을 기뻐한다. 그들의 마음은 충성스럽고 또 순종적이길 열망한다. 그들은 이처럼 불완전하고 때로는 오류로 가득한 생각들에서 자신들을 벗어나게 해줄 수 있는 하나님 은혜의 밝고도 충만함과 자유로움을 간절히 원하고 있지만, 그럼에도 해방의 진리를 모르기 때문에 벗어나지 못하고 있다.

이런 것이, 내가 믿기론, 하나님의 영께서 여기서 의도하신 것이다. 성령의 성화는 "예수의 순종과 예수의 피 뿌림에 이르게" 해준다. 이것은 유대인들이 주제넘게 "여호와의 모든 말씀을 우리가 준행하리이다"라고 말했던 것과는 전혀 차원이 다른 것이다. 이렇게 한 결과, 제물의 피를 자신과 언약서에 뿌렸고, 이로써 율법을 불순종하는 경우에 죽음을 당할 것이란 위협을 받았다. 이런 것이 언약서에, 그리고 백성들에게 뿌려진 피의 의미였다. 속죄의 피는 그들의 안전을 보장해준 것이 아니라, 오히려 율법과 그들의 의무를 인준했고, 그들 앞에 죽음을 제시하면서 그들이 실패한다면 반드시 죽을 것이란 사실을 항상 상기시켰다. 나에겐 사도 베드로가 이 모든 것들을 염두에 두고 있는 듯 보인다. 다만 바뀐 것은 그리스도인은 율법서와 함께 시작하는 것이 아니라 구주와 함께 시작한다는 점이다. 이제 그리스도인이 구주 안에서 발견한 것은 생명의 움틈과 완성된 구속이다. 생명의 움틈을 통해서 신자는 하나님께 순종하고픈 열망을 갖는다. 완성된 구속을 받아들임으로써 신자는 자신의 모든 죄들이 하나님 앞에서 사함을 받았고 또 영원히 제거되었다는 확신을 갖는다. 따라서 실패하면 죽임을 당해야 한다는 사실을 말해주는 희생제물들의 피를 받아들이는 대신, 그는 모든 것이 완벽하게 처리되었음을 확신시켜주는 구주의 피를 받아들인다. 왜냐하면 그는 그리스도의 피를 통해서 자신의 모든 죄들이 깨끗이 씻음을 받았기 때문이다. 게다가 이렇게 완성된 구속(救贖)은 그리스도 안에 있는 생명 만큼이나 영원한 효력을 가지고 있다.

그러므로 나는 이 몇 가지 성경구절들과 요한복음 17장에 있는 여러 구절들을 비교해봄으로써 그리스도인 성화의 본질을 선명하게 볼 수 있었다고 믿는다. 거기서 주 예수님은 처음으로 우리에게 성령의 성화에 대한 완전한 성격과 방법을 볼 수 있도록 해주셨다. 이후에 주어진 서신서들은 여기에 덧붙여 은혜 안에서 주님이 영혼들을 다루시는 역사와 비교해서, 성화, 즉 영혼이 하나님에게로 따로 구별되는 것의 순서와 그 자리를 더욱 발전시켰다. 그리스도께서는 줄곧 그 완전한 의미를 내다보셨고, 우리가 살펴본 서신서들에 있는 성경본문들은 영혼 속에서 일어나는 최초의 작용으로 설명하고 있다. 물론 동시에 둘 다 옳을 뿐만 아니라 양쪽 모두 나름 중요한 의미를 가지고 있다. 하지만 두 가지는, 하나님의 자녀들 사이에 널리 퍼져 있는 생각과는 상당히 다르다. 그러므로 나는 하나님의 도우심을 의지해서, 이처럼 중차대한 진리에 대한 성경의 증언을 면밀하게 살펴보는 시간을 갖지 않을 수 없었다.

실제적인 성화를 언급하고 있는 성경구절들이 많이 있다. 그에 대해선 다음에 살펴볼 것이다. 이것을 설명하고 있는 한 가지 분명한 구절이 있다면, 그것은 히브리서 12장 14절이다. "모든 사람과 더불어 화평함과 거룩함을 따르라 이것(즉 실제적인 성화)이 없이는 아무도 주를 보지 못하리라." 이 구절은 분명 실제적인 성화를 가리킨다. 사도는 그리스도인들을 대상으로 이 서신을 쓰고 있다. 히브리 그리스도인들 가운데에는 옛날로 돌아가려는 위험 가운데 있는 사람들이 있었다. 어떤 사람들은 이미 배도를 했다. 하지만 사도는 "이같이 말하나 너희에게는 이보다 더 좋은 것 곧 구원에 속한 것이 있음을 확신"하고 있었다(히 6:9). 하지만 여기서 그는 "모든 사람과 더불어 화평함을 따르라"고 말하고 있다. 그들은 이미 하나님과 화평을 이룬 사람들이었다. 하지만 그들은 "모든 사람과 더불어 화평함과 거룩함을 따르라 이 거룩함이 없이는 아무도 주를 보지 못하리라"는 말을 듣고 있다. 여기엔 무슨 가혹함이나, 누군가에게 어려움을 줄 만큼 민감한 요소가 전혀 없다. 화평함과 거룩함이 없이 살면서 하늘나라에 갈 수 있다고 믿는 그런 그리스도인은 없는 줄로 안다. 어떤 사람이 습관적으로 죄를 짓고 있는데, 그런 사람이 하나님에게서 난 사람일 수 있을까? 사도 요한의 언어를 보자. "하나님께로부터 난 자마다 죄를 짓지 아니하나니"(요일 3:9), 이 얼마나 강한 어조인가! 의심의 여지없이 사도 요한은 하나님에게서 난 사람의 특징을 언급하고 있다. 즉 거듭난 사람은 결코 이런 저런 죄를 지을 수 없다고 말한 것이 아니라, 참으로 하나님에게서 난 사람은 양심도 없이 산다던지 또는 하나님 앞에서 거룩한 삶의 모습을 띠지 않을 수 없다는 의미인 것이다. 거듭난 사람은 죄에 거하는 삶을 살지 않을 뿐만 아니라 새로운 본성을 따라서 살게끔 되어 있다. 정도의 차이 또는 영적 능력의 차이가 있긴 하지만, 모든 성도는 동일한 갈망을 가지고 있으며, 주님은 그러한 갈망에 응답하시고 부응해 주신다. 때로는 진리의 말씀을 통해서 위안을 받고, 용기를 얻고, 영적 필요를 충족하며, 또 때로는 강한 징계를 받기도 한다. 그럼에도 주님을 기쁘시게 하는 일에 이런 저런 방식으로 참여함으로써 또 다른 격려를 받는다. 그렇다면 실제적인 성화에는 격려의 말씀이 있을 수밖에 없다. 따라서 이 구절의 "거룩함"을 이미 우리가 그리스도 안에서 (신분적으로) 이루어진 것으로 만들고자 열심히 설명하는 것은 헛된 수고일 뿐이다. 이 구절은 조금도 그런 개념을 가지고 있지 않다. 즉 신분적인 성화를 가리키고 있지 않다. 누군가 그렇게 생각한다면 그것은 다만 우리 자신을 속이는 일일 뿐이다.

실제적인 성화에 대한 교훈

데살로니가전서를 보면, 실제적인 성화에 대한 교훈이 있다. "하나님의 뜻은 이것이니 우리의 성화라."(살전 4:3) "하나님이 우리를 부르심은 부정케 하심이 아니요 거룩케 하심"(살전 4:7) 또는 성화라. 여기서 사도는 분명 날마다 거룩함 가운데서 행하는 것을 말하고 있다. 그리고 또 다시 사도는 "평강의 하나님이 친히 너희로 온전히 성화되게 해주시고 또 너희 온 영과 혼과 몸이 우리 주 예수 그리스도 강림하실 때에 흠없게 보전되기를 원하노라"며 기도한다(살전 5:23). 이 모든 구절을 통해서 사도는 신자 속에서 지속적으로 이루어지는 실제적인 성화를 기대하고 있다.

나는 특별히 이 몇 개의 구절을 언급하고 싶다. 왜냐하면 우리는 진리의 한쪽 면만을 주장함으로써, 또 다른 쪽을 망각해선 안되기 때문이다. 이미 살펴본 내용들은 우리가 마지막으로 살펴본 실제적인 성화 외에도, 신약성경은 확실하게 하나님에게서 난 모든 사람의 영혼 속에 성별시키는 하나님의 영의 권능을 언급하고 있으며, 실제적인 성화의 기초를 이루는 부분으로써, 그것을

"성령의 성화"라고 부른다는 사실을 충분히 입증해주고 있다. 영혼 속에 주어진 신적 생명의 첫 번째 운동을 통해서, 사람은 (신분적으로) 성화된다. 그래서 사람들은 이것을 절대적인 성화 또는 개인적인 성화라고 불렀으며, 그 다음으로 오게 되는 관계적인 성화 또는 실제적인 성화와 차별을 두었다. 이 관계적인 성화는 영적 성장, 하나님께 대한 순복, 하나님의 말씀, 기도, 금식, 자기 성찰, 훈련 등을 바탕으로 이루어지고 있다. 이 모든 것들은 한 영혼이 거룩한 삶을 통해서 실제적으로 성장하는 일을 돕는다.

문법 분석을 통한 분별

이제 사도행전 20장 32절, "지금 내가 너희를 주와 및 그 은혜의 말씀께 부탁하노니 그 말씀이 너희를 능히 든든히 세우사 *성화된 (헤기아스메노이)* 모든 자 가운데 기업이 있게 하시리라" 그리고 26장 18절, "그 눈을 뜨게 하여 어둠에서 빛으로, 사탄의 권세에서 하나님께로 돌아오게 하고 죄 사함과 나를 믿어 *성화된 (헤기아스메노이)* 무리 가운데서 기업을 얻게 하리라 하더이다"를 간략하게 살펴보자. 이 두 개의 구절을 거룩에 있어서 발전되어 가는 것, 즉 실제적인 성화에 적용시켜선 안된다. 이 구절들은 모두 그리스도인의 신분에 속한 특징과 상태를 가리킨다. 단어의 구조가 **완료 시제인 헤기아스메노이**로 되어 있기 때문에, 다른 의미를 가질 수 없다. 이 구절은 신자들이 삶의 끝에 도달했을 때, 세상에 속한 사람들이 아니기 때문에, 그때에야 비로소 신자들이 들어갈 수 있는 유일한 상태라고 주장하는 사람들이 있다. 과연 그런가? 로마서 15장 16절, "성령 안에서 성화시켜서 받으실 만하게 하려 하심이라"과 고린도전서 1장 2절, "그리스도 예수 안에서 성화되고 성도로 부르심을 받은 자들"을 보라. 이 두 개의 구절은 그런 제한적인 생각을 거부한다. 오히려 히브리서 10장 10절과 보조를 같이 한다. "이 뜻을 좇아 예수 그리스도의 몸을 단번에 드리심으로 말미암아 우리가 *거룩함을 얻었노라(즉 성화되었노라, 헤기아스메노이)*." 이 사실은 히브리서 2장 11절, "성화시키시는 이와 *성화된 (하기아조메노이)* 사람들이 다 한 근원에서 난지라"에 사용된 것처럼, 10장 14절, "그가 *성화된 (하기아조메노이)* 자들을 한 번의 제사로 영원히 온전하게 하셨느니라"에 있는 단어의 형태에 **현재 분사인 하기아조메노이**를 사용했다고 해서 그 의미가 결코 약화되지 않는다. 왜냐하면 현재 분사는 능동 또는 수동의 문제와는 상관없이 추상적인 의미로 사용될 수 있기 때문이다. 만일 그 대상이 현재 진행 중인 성화시키는 과정 아래 있기에, 여전히 불완전한 상태에 있음을 나타내고자 현재 분사인 하기아조메노이를 사용하고자 한다면, 10절에서처럼 완료시제를 사용해서 성화를 동일한 사람들에 대하여 동시에 일어나는 일로 사용할 수는 없다. 다시 말해서 현재 시제는 어떤 작용의 실제적인 시간 또는 추상적인 또는 관념적인 특징과 대상을 표현할 수 있는데 반하여, 완료 시제는 이미 완료된 행동의 영구적인 결과만을 표현할 뿐이다. 그러므로 "예수 그리스도의 몸을 단번에 드리심으로써 우리가 *이미 성화되었다(헤기아스메노이)*"는 사실을 확증한다. 그렇다면 히브리서 10장 10절은 우리에게 점진적으로 이루어질 하나님의 계획을 가리키는 것이 아니라, 그리스도의 완성된 사역에 의해서 이미 일어난 영구적인 결과를 가리킨다. 따라서 마치 지속적으로 진행되는 과정이 필요한 것처럼 현재 분사형 하기아조메노이를 고집하는 일은 멋대로 해석을 하는 일이 된다. 왜냐하면 현재 분사는 항상 이런 의미만을 전달하지 않고, 시간을 확정하고 또 미완료를 배제시키는 기능을 하는 *헤기아스메노이*에 의해서 부정문을 이루게 된다. 이로써 어떤 가능성을 전달하려는 것이 아니라, 오히려 그리스도의 완성된 사역으로 말미암아 그리스도인이 획득하게 된 현재적인 사실을 확정하고, 이후 지속적으로 진행되는 특징을 부각시키려는 것이 된다. 그러므로 14절에 있는 *토우스 하기아조메노스*를 번역하면 "성화되고 있는 사람들"이란 뜻이 되는데, 이 것은 문자적으로 정확한 번역이긴 하지만, 이런 의미로 받아들이면 우리는 본문 속에 담긴 진정한 의미를 보지 못하게 되고 또 이 주제에 대한 사도의 교리를 이해하지 못하고 있는 꼴이 된다. 오히려 같은 구절에 있는 "영원히 온전케 하셨다"는 것을 볼 때, 이 경우에 사용된 현재 분사의 추상적인 의미를 부정하게 해줌으로써, 이 구절의 동일한 선상에 있는 완성된 성화의 의미를 지우려는 어떤 사람들의 노력을 무색하게 만든다. 같은 장에서 (29절에서) 성령께서는 전에 십자가에 못 박히신 그리스도를 주(主)로 고백했던 침례 받은 고백자가 나중에 배도자가 된 경우를 설명하면서 *부정 과거 시제*를 사용해서 *헤기아스테*를 사용하는 것을 보게 되면 흥미를 느끼지 않을 수 없다. 그 시제는 단지 과거에 있었던 사실만을 언급할 뿐이다. 반면 완료 시제는 과거에 일어났던 사실에 더하여, 나중에 그리스도를 저버리고 또 언약의 피를 부정한 것으로 여긴 사람에게는 결코 사용할 수 없다. 이런 사람이 진정 그리스도의 피를 믿는 믿음을 자신에게 적용함으로써 생명을 얻은 사람이며, 또한 영적 생명에서 어느 정도 진보를 이룬 사람이거나 또는 거룩하고 또 정결하게 하는 효과가 자신의 생명 안에서 가시적으로 나타난 사람이라는 증거는 전혀 없다. 그런 생각은 순전히 공상적이며, 성경적이지 않을 뿐만 아니라 분명한 성경구절을 무시하는 행위다. 왜냐하면 이 구절은 영적인 생명에 대해선 전혀 언급하고 있지 않을 뿐만 아니라 믿음으로 피를 적용하는 것이나 또는 가시적이건 비가시적이건 깨끗해진 효과에 대해선 일언반구도 없기 때문이다. 오로지 진리를 아는 지식을 받은 후 고의적으로 죄를 짓는 사람들을 언급하고 있을 뿐이다. 아무리 지식이 정확하고 또 많다 할지라도, 이런 사람은 그 양심 속에 성령의 역사가 일어났음을 의미하지 않으며, 고로 이 사람이 거듭났으며 또한 하나님께로 회심했음을 보장하지 않는다. 회심한 일이 없는 사람들도 그처럼 똑똑하고 성경에 대해 많이 알고, 또 완전한 지식으로 무장되어 있을 수 있기 때문이다. 하지만 그런 사람들은 불의(不義) 가운데서 뿌리를 내리고 있으며, 심지어 불의를 저지르고 있기에 결코 진리를 붙잡고 있지 않다. 히브리서 9장 14절을 보자. 이 구절은 그리스도의 피가 살아계신 하나님을 섬길 수 있도록 죽은 행실로부터 양심을 깨끗하게 해주는 것으로 말하고 있다. 앞에서 언급된 사람들의 경우와 얼마나 다른가를 느껴 보라. 히브리서 10장에서 사용된 언어가 배도자의 이전 상태를 설명하는 것으로 사용되었다면, 거기엔 그런 개념을 지지하는 성경적인 근거가 있을 수밖에 없다. 예컨대, 여기서 실제로 말하고 있는 것과 히브리서 9장 14절에서 말하고 있는 것은 서로 다른 것에 대한 이중적인 증언인 것이다. 히브리서 13장 12절, "그러므로 예수도 자기 피로써 백성을 성화시키려고 성문 밖에서 고난을 받으셨느니라"는 우리 앞에 놓여 있는 문제를 해결하기엔 너무 일반적인 진술로 보인다. 그럼에도 이 구절에 사용된 언어는 확실한 뜻을 전달하기엔 충분한 빛을 비추어주는 것이 있다.

결론

이제 정리를 해보자. "성화"는 신자들에게 두 가지 주요한 의미를 가지고 있다. 나는 이 성화의 문제를 아버지께서 아들을 거룩하게 하사 세상에 보내시는 것이나(요 10:36), 아버지의 이름이 거룩히 여김을 받게 해달라고 기도하는 것이나(마 11:9, 눅 11:2), 불신자가 신자와

결혼을 통해서 거룩하게 되는 것(고전 7:14) 등으로 넘어가지 않을 것이다. 성화의 주요한 의미 가운데 첫 번째는 사도 바울과 베드로가 사용한 것, 즉 우리가 살펴본 대로 성화가 칭의 이전에 오는 것에 대한 것이다. 이것은 그야말로 신분적인 성화이기 때문에, 이것을 실제적인 성화에 적용시키는 것은 모든 진리를 파괴하는 것이 되고 만다. 영혼이 의롭다 함을 받기 이전에 그리스도인으로서 마음과 행실이 거룩해지는 역사는 있을 수 없다. 그런 것은 트렌트 공의회의 교리로 회귀하는 것이 될 것이다. 트렌트 공의회는 "인간이 의롭게 되는 것은 부분적으로 하나님의 은혜에, 부분적으로 인간 자신의 행위에 달렸다"는 주장을 결의했다. 하지만 그런 주장은 성경에 대한 무지에서 나온 것이다. 성경은 이렇게 말한다. "일을 아니할지라도 경건치 아니한 자를 의롭다 하시는 이를 믿는 자에게는 그의 믿음을 의로 여기신다."(롬 4:5)

칭의 앞에 등장하는 이러한 "성령의 성화"는 실제적인 성화가 아니라 전혀 다른 의미를 가지고 있다. 즉 성령의 성화는 하나님에게로 따로 성별시키는 작용을 의미하며, 그것은 처음부터 끝까지 신자의 신분을 위한 것이다. 따라서 데살로니가후서 2장 13,14절은 이렇게 말하고 있다. "주의 사랑하시는 형제들아 우리가 항상 너희를 위하여 마땅히 하나님께 감사할 것은 하나님이 처음부터 너희를 택하사 성령의 성화와 진리를 믿음으로 (through sanctification of the Spirit and belief of the truth) 구원을 얻게 하심이니 이를 위하여 우리 복음으로 너희를 부르사 우리 주 예수 그리스도의 영광을 얻게 하려 하심이니라." 여기서 "성령의 성화"는 분명 진리를 믿는 일과 함께 소개되어 있는데, 이것은 "(믿음의) 처음부터" 시작된 역사를 가리킨다. 이 성령의 성화는 믿은 이후에 진행되는 실제적인 거룩에 대한 것이 아니다. 분명 영적 성장은 영혼이 그리스도의 사역을 통해서 안식을 발견하고, 성령의 역사에 의해서 실제적으로 자기 마음 앞에 그리스도를 사모하는 대상으로 삼은 이후에 오게 된다. 그래서 사도 바울은 칭의에 대해서 충분히 가르친 후, "너희 육신이 연약하므로 내가 사람의 예대로 말하노니 전에 너희가 너희 지체를 부정과 불법에 드려 불법에 이른 것같이 이제는 너희 지체를 의에게 종으로 드려 거룩함에 이르라"(롬 6:19)고 교훈했다. 이처럼 믿음으로 의롭다 함을 받은 신자에겐 성화에 이르라는 교훈이 필요하다. 그렇다면 "이제는 너희가 죄에게서 해방되고 하나님께 종이 되어 거룩함에 이르는 열매를 얻었으니 이 마지막은 영생"(롬 6:22)이 되는 것이다. 상황은 이렇다. 그리스도인이 주님이 설정하신 계획 속으로 들어가게 되면, 그것은 우리가 살펴본 대로, 그리스도인의 실제적인 성화 과정에 들어가게 되며, 그 수단이 무엇인지 또는 언제 이런 저런 방식으로 진행되는 것인지, 그 구체적인 시간과 모습은 확정되지 않는다. 우리를 성령으로 성화시키신 하나님의 목적은 생각보다 크다. 그래서 우리에게 아버지의 말씀에 의해서 그리고 높은 곳에 계신 아들을 통해서 계시된 것을 따라서 우리가 아버지에게로 따로 성별되었음을 보여주고 있다. 이로써 우리는 "다 수건을 벗은 얼굴로 거울을 보는 것같이 주의 영광을 보게 되고, 저와 같은 형상으로 화하여 영광으로 영광에 이르니 곧 주의 영으로 말미암아"(고후 3:18) 이루어진 실제적인 성화의 과정으로 들어가게 되는 것이다.

이제 주께서 이처럼 중대하고 또 우리의 영적인 삶을 풍성하게 해줄 수 있는 이 주제가 독자들의 마음을 더욱 사로잡게 해주시길 바란다. 이 주제는 하나님의 자녀들에게 거의 알려지지 않았기 때문에 너무도 많은 손실을 끼쳤고, 신앙생활의 초기에 있는 성도들 뿐만 아니라 오랜 세월동안 신앙생활을 해온 성도들에게까지 막대한 영적인 손실을 끼치고 있다. 즉 그들은 자신들이 이미 성화되었음을 아는 지식으로 위로를 받을 수 있는 기회를 빼앗겼고, 불필요한 두려움에 떨어야 했다. 이제라도 자신들이 성화되었으며, 자신들이 그리스도께서 아버지의 말씀에 의해서 계시하신 것과 조금도 다르지 않게 행하도록 부르심을 받았음을 앎으로써, 지속적으로 독려를 받게 해주시길 빈다. 더 이상 진리의 파편들에 의해서가 아니라, 하나님의 전체 계시에 의해서 유익을 받고, 새롭게 된 심령 속에서 역사하시는 하나님의 영의 권능에 의해서 살아가게 해주시고, 이러한 영적인 교훈에 의해서만이 아니라 더욱이 주 예수의 위격을 중심으로 하는 영성을 깊게 해주심으로써, 그처럼 활력 있는 영성으로 살아가게 해주시길 빈다. 우리가 아버지의 말씀에 의해서 성화되었고 또 아들께서 우리를 위하여 자신을 성화시키신 것은 우리로 하여금 그 아들을 본으로 삼아 행하도록 하기 위한 것이란 사실이 더욱 더욱 보배로운 것으로 다가오게 해주시길 기도한다. 아멘.

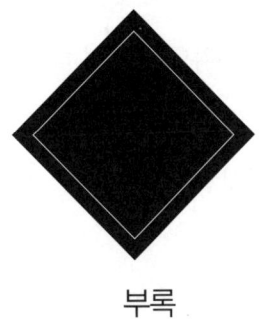

부록

Appendix

베드로전서 1장 2절에 대한 논평

극단적인 견해를 가진 사람들이 아니라, 개혁주의자들 가운데 가장 지적인 사람들이 이 주제에 대해서 얼마나 느슨한 태도를 가지고 있으며 또한 성경의 진리로부터 얼마나 멀리 떨어져 있었는지에 대한 몇 가지 증거들을 제시하고자 한다. 그리하면 독자들에게 도움이 될 것이다. 로마 가톨릭은 말할 것이 없다. 왜냐하면 그들은 너무도 전통에 마취되어 있기 때문에, 사도들의 가르침을 실제적이고 또한 지적으로 순복하는 일에 일말의 희망을 가질 수 없게 되어 버렸다.

그들이 저지르고 있는 오류를 쉽게 찾아볼 수 있는 방법은 베자(Beza)가 번역한 그리스 신약성경과 주석을 살펴보는 것이다. 그의 생애 마지막 수정판(1598년)을 보면, 그의 사상이 가장 완전하고도 정확하게 드러나 있다.

첫 번째로, 그의 성경번역은 정확하지 않다. 그는 두 가지 굉장히 중요한 부분에서 사도가 사용한 단어 속에 담겨있는 핵심적인 의미에서 벗어났을 뿐만 아니라, 전치사를 바꿈으로써 결정적으로는 성령께서 계시하고자 하신 뜻을 변경시켰다. 제롬(Jerome)의 벌게이트 역본은 이러한 오류를 따르게 되었다. 왜냐하면 "엔 하기아스모, 성화의 작용 안에서(in sanctificationem)"를 적절하게 번역하지 못했기 때문이다. 베자는 오히려 그런 오류에 대해서 경고를 했어야 했다. 어느 누구도 en과 eis 모두를 직접 목적격 "in"으로 사용하는 것을 부정적으로 보고 있었을 때, 특별히 에라스무스(Erasmus)가 처음으로 "성화의 작용 마다(per sanctificationem)로 정확하게 번역을 했다. 하지만 베자는 자신의 교리 시스템을 포기하지 않았고, 자신의 생각을 고수했기에, "per" 대신 "eis"를 주장하는 큰 실수를 남기게 되었다. 그 결과 그 구절의 본래 의미를 왜곡시켰을 뿐만 아니라 호머로부터 콘스탄티노플이 몰락하는 시기에 이르기까지 어느 작가, 어느 작품에서도 볼 수 없는 오점을 남겼다. 두 번째로, 이처럼 담대하고 또한 과도한 왜곡은 그의 주석의 토대였다. 전적으로 근거 없는 해석이었음에도 불구하고, 그런 것이 그 시대의 통념이었다는 외엔 달리 덧붙일 말이 없을 뿐이다. 왜냐하면 대부분 잘 번역된 영어 성경을 가지고 있었음에도 불구하고, 사람들은 계속해서 여기서 주님이 의도하신 것은 그리스도인이 하나님 아버지의 미리 아심을 따라서 그리스도의 순종과 그 피 뿌림에 의해서 성령의 성화에 이르게 되었다는 착각을 하고 있었기 때문이다.

그의 지도자였던 존 칼빈(John Calvin)은 비록 가정법을 사용해서 말했지만, 그럼에도 그가 더 옳았다. "만일 거기에 성화의 작용이나 효과가 있다면, 그렇다면 여기 성화는 바울이 그 단어를 사용하였을 때 의도한 것과는 다르게 받아들여야만 한다. 즉 더욱 일반적인 의미로 받아들여야 한다. 하나님은 효력 있는 부르심에 의해서 우리를 성화시키신다. 그리고 이 일은 우리가 (우리 자신의 의를 버리고) 하나님의 의에 순종함으로써 새롭게 되었을 때 이루어지며, 또한 우리가 그리스도의 피로 뿌림을 받았을 때, 이로써 우리의 모든 죄들은 깨끗함을 받는다." 칼빈은, 내가 이미 고린도전서 6장 11절에서 제시했던 것처럼, 바울이 이렇게 상당히 일반적인 방식으로 성화란 단어를 사용하지 않았을 거라고 생각하는 실수를 저질렀다. 이런 것이 일반 사람들이 보고 인정하는 것과는 다르게 제네바 사람들이 주로 견지하고 있는 성화의 개념이었다. 데살로니가후서 2장 13절은 칼빈이 베드로전서 1장 2절을 일반적인 문법을 사용해서 해석하지 않고, 다르게 해석했던 또 다른 선명한 증거로 보인다. 왜냐하면 거기서 사도 바울은 하나님이 처음부터 데살로니가 성도들을 택하심으로써 성령의 성화와 진리를 믿음으로 구원에 이르게 하셨음을 말하고 있기 때문이다. 이것은 그들을 따로 구별시키시는 성령의 역사 덕분이며, 하나님께서 그들을 구원에 이르도록 선택하셨다는 복음의 진리를 믿는 그들의 믿음 때문인 것이다. 유대인 그리스도인과 이방인 그리스도인에게 전달하는 방법의 차이는 있을지 모르지만, 그럼에도 바울의 교리는 놀랍도록 베드로의 진술과 일치를 이루고 있다.

훌륭한 대주교 레이턴(Archbishop Leighton)은 자신이 쓴 유명한 베드로전서 주석서에서 이러한 순종 때문에 당혹스러움을 감추지 못했다. (그는 비록 그것을 그리스도께서 십자가의 죽음에 이르기까지 순종하신 것으로 해석했지만) 그럼에도 그는 베자처럼 이 순종을 그리스도의 순종에 적극적으로 적용시키는 것을 거절했다. 그는 그 순종을 사도 바울이 로마서 1장 5절에서 "믿음의 순종(the obedience of faith); 우리 성경엔 '믿어 순종하게 하나니'로 번역되었음"으로 부르는 것으로 생각했다. 그 믿음의 순종에 의해서 그리스도의 교리를 받아들이게 되고, 그렇게 그리스도를 영접하는 것으로 이해했다. 그가 "순종에 의해서 여기서 말하는 성화가 활성화된다"고 덧붙였을 때, 그것은 나에게 그가 성화에 대한 매우 일반적인 개념을 붙잡지 않았기 때문에 혼돈에 빠진 것으로 보였다. 사도 바울은 순종을 하나님에게로 따로 구별되는 일 이후부터 일어나는 것으로 다루고 있으며, 또는 성화가 순종에 앞서 일어난다는 점을 확실하게 제시하고 있다. 뿐만 아니라, 나는 그가 순종의 본질을, 한 영혼이 복음을 받아들였을 때 믿음의 순종에 이르게 되는 것으로 생각하는 실수를 하고 있다고 생각한다. 나의 판단으로, 그 구절은 우리가 아들되었음을 인식하고, 피로써 정결하게 된 존재임을 확신했을 때, 그리스도처럼 순종의 삶을 살도록 따로 구별되는 것을 의미한다. 그는 이후에 쓴 작품을 보면, (Works, vol. I. pp. 15, 16, Jerment's edition) 더욱 정확하게 말했다.

"성화는 더욱 좁은 의미에서 칭의와는 구분되어야 하며, 한 그리스도인의 내재적인 거룩을 의미하는 것으로 이해해야 한다. 성화는 베드로전서 1장 2

절에서 언급하고 있는 순종으로 기우는 성향 또는 순종할 수 있게 해주는 능력이다. 하지만 여기선 더 큰 의미가 있다. 성화는 전체적인 개혁의 역사로 확장되어 가면서, 성령에 의해서 사람들을 하나님에게로 성별시키는 일을 하며, 그들을 하나님께로 가까이 나아가도록 이끈다. 이렇게 (여기서처럼) 칭의를 제대로 이해하게 되며, 그리고 믿음의 첫 번째 역사인 칭의를 통해서 영혼은 예수 그리스도의 의가 가진 가치를 알고 또 그 의를 자신에게 적용시킴으로써 의롭다 함을 받는다."

W.K.

형제들의 집 도서 안내

1. 조지 뮐러 영성의 비밀
   조지 뮐러 지음/이종수 옮김/값 1,000원
2. 수백만을 감동시킨 사람을 감동시킨 바로 그 사람: 헨리 무어하우스
   존 A. 비올리 지음/이종수 옮김/값 1,000원
3. 내 영혼의 만족의 노래
   W.T.P 월스톤 지음/이종수 옮김/값 1,000원
4. 모든 일을 하나님의 영광을 위하여 하라
   해리 아이언사이드 지음/이종수 옮김/값 1,000원
5. 잃어버린 영혼을 위해서 어떻게 기도해야 하는가
   오스왈드 샌더스, 찰스 스펄전 지음/이종수 옮김/값 1,000원
6. 윌리암 켈리의 칭의의 은혜(개정판)
   윌리암 켈리 지음/이종수 옮김/값 6,000원
7. 이것이 거듭남이다(개정판)
   알프레드 깁스 지음/이종수 옮김/값 9,000원
8. 존 넬슨 다비의 영성있는 복음
   존 넬슨 다비 지음/이종수 옮김/값 5,000원
9. 로버트 클리버 채프만의 사랑의 영성
   로버트 C. 채프만 지음/이종수 옮김/값 5,000원
10. 영성을 깊게 하는 레위기 묵상
    C.H. 매킨토시 외 지음/이종수 옮김/값 5,000원
11. 존 넬슨 다비의 성경주석: 빌립보서
    존 넬슨 다비 지음/이종수 옮김/값 5,000원
12. 존 넬슨 다비의 히브리서 묵상(개정판)
    존 넬슨 다비 지음/정병은 옮김/값 11,000원
13. 조지 커팅의 영적 자유
    조지 커팅 지음/이종수 옮김/값 4,000원
14. 윌리암 켈리의 해방의 체험(개정판)
    윌리암 켈리 지음/이종수 옮김/값 4,500원
15. 존 넬슨 다비의 성경주석: 골로새서(개정판)
    존 넬슨 다비 지음/이종수 옮김/값 8,000원
16. 구원 얻는 기도
    이종수 지음/값 5,000원
17. 영혼의 성화
    프랭크 빈포드 호올 지음/이종수 옮김/값 1,000원
18. 당신은 진짜 거듭났는가?
    아더 핑크 지음/박선희 옮김/값 4,500원
19. C.H. 매킨토시의 완전한 구원(개정판)
    C.H. 매킨토시 지음/이종수 옮김/값 5,500원
20. 존 넬슨 다비의 하나님의 뜻을 분별하는 법
    존 넬슨 다비 지음/이종수 옮김/값 1,000원

21. 존 넬슨 다비의 성경주석: 요한계시록
　　　　　　　　　　　　존 넬슨 다비 지음/이종수 옮김/값 10,000원
22. 주 안에 거하라
　　　　　　　　해밀턴 스미스, 허드슨 테일러 지음/이종수 옮김/ 값 1,000원
23. C.H. 매킨토시의 하나님의 선물
　　　　　　　　　　　　　　C.H. 매킨토시 지음/이종수 옮김/값 4,000원
24. 존 넬슨 다비의 성경주석: 에베소서
　　　　　　　　　　　　　존 넬슨 다비 지음/이종수 옮김/값 8,000원
25. 존 넬슨 다비의 영적 해방
　　　　　　　　　　　　　존 넬슨 다비 지음/문영권 옮김/값 7,000원
26. 건강하고 행복한 그리스도인이 되는 법
　　　　　　　　어거스트 반 린, J. 드와이트 펜테코스트지음/ 값 1,000원
27. 존 넬슨 다비의 성경주석: 로마서
　　　　　　　　　　　　　존 넬슨 다비 지음/문영권 옮김/값 12,000원
28. 존 넬슨 다비의 성화의 길
　　　　　　　　　　　　　존 넬슨 다비 지음/이종수 옮김/값 4,500원
29. 기독교 신앙에 회의적인 사랑하는 나의 친구에게
　　　　　　　　　　　　로버트 A. 래이드로 지음/박선희 옮김/값 5,000원
30. 이수원 선교사 이야기
　　　　　　　　　　　　더글라스 나이스웬더 지음/이종수 옮김/값 5,000원
31. 체험을 위한 성령의 내주, 그리고 충만
　　　　　　　　　　　　　　　　조지 커팅 지음/이종수 옮김/값 4,500원
32. 존 넬슨 다비의 성경주석: 갈라디아서
　　　　　　　　　　　　　존 넬슨 다비 지음/이종수 옮김/값 4,800원
33. 존 넬슨 다비의 성경주석: 요한서신서·유다서
　　　　　　　　　　　　　존 넬슨 다비 지음/문영권 옮김/값 8,000원
34. 존 넬슨 다비의 성경주석: 데살로니가전·후서
　　　　　　　　　　　　　존 넬슨 다비 지음/이종수 옮김/값 8,000원
35. 그리스도와의 연합과 구원(성경공부교재)
　　　　　　　　　　　　　　　　　　　　문영권 지음/값 2,500원
36. 그리스도와의 연합과 성화(성경공부교재)
　　　　　　　　　　　　　　　　　　　　문영권 지음/값 3,000원
37. 사도라 불린 영적 거장들
　　　　　　　　　　　　　　　　　　　　이종수 지음/값 7,000원
38. 당신은 진짜 하나님을 신뢰하는가(개정판)
　　　　　　　　　　　　　　조지 뮬러 지음/ 이종수 옮김/값 5,500원
39. 그리스도와 연합된 천상적 교회가 가진 영광스러운 교회의 소망
　　　　　　　　　　　　존 넬슨 다비 지음/ 문영권 옮김/ 값 13,000원
40. 가나안 영적 전쟁과 하나님의 전신갑주
　　　　　　　　　　　　　존 넬슨 다비 지음/ 이종수 옮김/ 값 2,000원

41. 죄 사함, 칭의 그리고 성화의 진리
고든 헨리 해이호우 지음/ 이종수 옮김/ 값 2,000원
42. 하나님을 찾는 지성인, 이것이 궁금하다!
김종만 지음/ 값 10,000원
43. 이것이 그리스도의 심판대이다
이종수 엮음/ 값 8,000원
44. 존 넬슨 다비의 성경주석: 마태복음
존 넬슨 다비 지음/이종수 옮김/값 16,000원
45. C.H. 매킨토시의 하나님에 관한 진실
C.H. 매킨토시 지음/이종수 옮김/값 1,000원
46. 존 넬슨 다비의 성경주석: 여호수아
존 넬슨 다비 지음/문영권 옮김/값 8,000원
47. 찰스 스탠리의 당신의 남편은 누구인가
찰스 스탠리 지음/이종수 옮김/값 4,000원
48. 존 넬슨 다비의 성령론
존 넬슨 다비 지음/이종수 옮김/값 13,000원
49. 존 넬슨 다비의 영적 해방의 실제
존 넬슨 다비 지음/이종수 옮김/값 5,000원
50. 존 넬슨 다비의 주요사상연구: 다비와 친구되기
문영권 지음/값 5,000원
51. 존 넬슨 다비의 죽음 이후 영혼의 상태
존 넬슨 다비 지음/이종수 옮김/값 5,000원
52. 신학자 존 넬슨 다비 평전
이종수 지음/ 값 7,000원
53. 존 넬슨 다비의 요한복음 묵상
존 넬슨 다비 지음/이종수 옮김/값 8,000원
54. 프레드릭 W. 그랜트의 영적 해방이란 무엇인가
프레드릭 W. 그랜트 지음/이종수 옮김/값 4,500원
55. 홍해와 요단강을 통해서 나타난 하나님의 구원
윌리암 켈리 지음/ 이종수 옮김/ 값 4,800원
56. 그리스도와의 연합을 위한 성령의 역사
윌리암 켈리 지음/ 이종수 옮김/ 값 19,000원
57. 누가, 그리스도인인가?
시드니 롱 제이콥 지음/ 박영민 옮김/ 값 7,000원
58. 선교사가 결코 쓰지 않은 편지
프레드릭 L. 코신 지음 / 이종수 옮김/ 값 9,000원
59. 사랑의 영성으로 성자의 삶을 살다간 로버트 채프만
프랭크 홈즈 지음 / 이종수 옮김/ 값 8,500원
60. 므비보셋, 룻, 그리고 욥 이야기
찰스 스탠리 지음 / 이종수 옮김/ 값 7,500원

61. 구원의 근본 진리
　　　　　　　　　　　　　　　에드워드 데넷 지음 / 이종수 옮김 / 값 6,500원
62. 회복된 진리, 6+1
　　　　　　　　　　　　　　　에드워드 데넷 지음 / 이종수 옮김 / 값 6,000원
63. 당신의 상상보다 더 큰 구원
　　　　　　　　　　　　　프랭크 빈포드 호올 지음 / 이종수 옮김 / 값 6,500원
64. 뿌리 깊은 영성의 그리스도인으로 사는 법
　　　　　　　　　　　　찰스 앤드류 코우츠 지음 / 이종수 옮김 / 값 9,000원
65. 천국의 비밀 : 천국, 하나님 나라, 그리고 교회의 차이
　　　　　　　프레드릭 W. 그랜트 & 아달펠트 P. 세실 지음 / 이종수 옮김 / 값 7,000원
66. 존 넬슨 다비의 성경주석: 베드로전·후서
　　　　　　　　　　　　　　　존 넬슨 다비 지음 / 장세학 옮김 / 값 7,500원
67. 존 넬슨 다비의 영광스러운 구원
　　　　　　　　　　　　　　　존 넬슨 다비 지음 / 이종수 엮음 / 값 15,000원
68. 어린양의 신부
　　　　　　　W.T.P. 월스톤 & 해밀턴 스미스 지음 / 박선희 옮김 / 값 10,000원
69. 성경에서 말하는 회심
　　　　　　　　　　　　　　　C.H. 매킨토시 지음 / 이종수 옮김 / 값 6,000원
70. 십자가에서 천년통치에 이르는 그리스도의 길
　　　　　　　　　　　　　　　존 R. 칼드웰 지음 / 이종수 옮김 / 값 7,500원
71. 그리스도와의 연합이란 무엇인가?
　　　　　　　　　　　　　　　에드워드 데넷 지음 / 이종수 옮김 / 값 9,000원
72. 하늘의 부르심 vs. 교회의 부르심
　　　　　　　　　　　　　　　존 기포드 벨렛 지음 / 이종수 옮김 / 값 16,000원
73. 당신은 진짜 새로운 피조물인가
　　　　　　　　　　　　　　　존 넬슨 다비 외 지음 / 이종수 옮김 / 값 12,000원
74. 플리머스 형제단 이야기
　　　　　　　　　　　　　　　　앤드류 밀러 지음 / 이종수 옮김 / 값 14,000원
75. 바울의 복음, 그리스도의 영광의 복음
　　　　　　　　　　　　　　　존 기포드 벨렛 지음 / 이종수 옮김 / 값 9,000원
76. 악과 고통, 그리고 시련의 문제
　　　　　　　　　　　　　　　　　　　　　　이종수 지음 / 값 9,000원
77. 요한계시록 일곱 교회를 향한 예언 메시지
　　　　　　　　　　　　　　　존 넬슨 다비 지음 / 이종수 옮김 / 값 18,000원
78. 영광스러운 구원, 어떻게 받는가
　　　　　　　　　　　　　　　존 넬슨 다비 지음 / 이종수 엮음 / 값 13,000원
79. 영광스러운 교회의 길
　　　　　　　　　　　　　　　존 넬슨 다비 지음 / 이종수 엮음 / 값 22,000원
80. 성경을 아는 지식
　　　　　　　　　　　　　　　존 넬슨 다비 지음 / 이종수 엮음 / 값 18,500원

81. 십자가의 도
   존 넬슨 다비 지음/이종수 엮음/ 값 13,500원
82. 존 넬슨 다비의 성경주석: 고린도전후서
   존 넬슨 다비 지음/이종수 옮김/값 18,500원
83. 존 넬슨 다비의 성경주석: 사도행전
   존 넬슨 다비 지음/이종수 옮김/값 17,000원
84. 그리스도와의 연합을 위한 사도 바울의 기도
   존 넬슨 다비 지음/이종수 엮음/값 10,000원
85. 빌라델비아 교회의 길
   해밀턴 스미스 지음/이종수 옮김/값 10,000원
86. 무명한 자 같으나 유명한 존 넬슨 다비 전기
   윌리암 터너, 에드윈 크로스 지음/이종수 옮김/값 12,000원
87. 성경의 핵심용어 해설
   데이빗 구딩, 존 레녹스 지음/허성훈 옮김/값 9,000원
88. 존 넬슨 다비의 성경주석: 히브리서, 야고보서
   존 넬슨 다비 지음/이종수 옮김/값 17,500원
89. 존 넬슨 다비의 성경주석: 요한복음
   존 넬슨 다비 지음/이종수 옮김/값 17,000원
90. 신부의 노래
   해밀턴 스미스 지음/이종수 옮김/값 10,000원
91. 에클레시아의 비밀
   해밀턴 스미스 지음/이종수 옮김/값 10,000원
92. 존 넬슨 다비의 성경주석: 누가복음
   존 넬슨 다비 지음/이종수 옮김/값 13,500원
93. 예수 그리스도를 따라 맨 밑바닥까지 내려가는 아름다움
   조지 위그램 지음/이종수 옮김/값 7,000원
94. 죄 사함과 죄로부터의 완전한 자유
   조지 커팅 지음/이종수 옮김/값 7,000원
95. 성령의 성화
   윌리암 켈리 지음/이종수 옮김/값 6,500원

Originally published under the title of
"Sanctification"
by William Kelly
Copyright©Present Truth Publishers
411 Route 79 Morganvill NJ 07751 USA

성령의 성화
ⓒ형제들의 집 2018

초판 발행 • 2018.12.17
지은이 • 윌리암 켈리
옮긴이 • 이 종 수
발행처 • 형제들의집
판권ⓒ형제들의집 2018
등록 제 7-313호(2006.2.6)
Cell. 010-9317-9103
홈페이지 http://brethrenhouse.co.kr
인쇄소 • (주)이모션티피에스 /
TEL : (02) 2263-6414/ www.emotiontps.com
E-mail: asharp@empas.com
ISBN 978-89-93141-03-0 03230

*값은 뒤표지에 있습니다.
*잘못된 책은 바꿔드립니다.
*서점공급처는 〈생명의말씀사〉입니다. 전화(02) 3159-7979(영업부)